모략의 기술

# 모략의 기술

**1판 1쇄 발행** 2015년 1월 15일
**1판 2쇄 발행** 2016년 2월 20일

**지은이** 장스완
**펴낸이** 이윤규

**펴낸곳** 유아이북스
**출판등록** 2012년 4월 2일
**주소** 서울시 용산구 효창원로 64길 6
**전화** (02) 704-2521
**팩스** (02) 715-3536
**이메일** uibooks@uibooks.co.kr

**ISBN** 978-89-98156-29-9 03140
**값** 14,000원

* 이 도서의 국립중앙도서관 출판시도서목록(CIP)은 서지정보유통지원시스템 홈페이지
(http://seoji.nl.go.kr)와 국가자료공동목록시스템(http://www.nl.go.kr/kolisnet)에서
이용하실 수 있습니다. (CIP제어번호: CIP2014037641)

# 모략의 기술

장스완 지음

유아이북스
Ultimate Information

# 고대 중국이 낳은 모략의 교과서

중국 역사에서 가장 혼란한 시기인 전국시대에 활약한 사상가를 떠올리면 공자나 노자와 같은 성인일 것이다. 전국시대에 성인들의 대척점에 있는 인물이 있었다. 바로 귀곡자다. 고루한 유학자들에게 희대의 소인배로까지 불리곤 했던 그는 이상과 허례허식을 떠나 냉정하리만치 현실에 주목했다. 주어진 환경에 맞게 어떻게 원하는 것을 얻을 수 있을까를 고민한 내용이 오늘날 《귀곡자》라고 불리는 책으로 탄생한 것이다.

귀곡자의 원래 본명은 왕후王翊다. 귀곡에 은거했기에 귀곡자란 이름이 붙여졌다. 과연 역사적으로 어떤 인물이었을까.

왕후는 위魏나라 대부인 아버지 왕착王錯이 40대에 얻은 아들이었다. 3살 때 어머니를 병으로 잃은 그는 아버지의 슬하에서 유년기를 보냈다. 왕후는 어렸을 때부터 학문에 두각을 드러냈다. 아버지의 가르침을 받아 《무합성경巫咸星經》, 《춘추春秋》, 《황제내경》, 《손자병법》 등을 탐독한 결과, 모략과 술수의 핵심을 일찍이 파악했다.

기원전 370년경, 위나라 무후의 두 아들이 태자太子 자리를 다투고 있을 때였다. 그의 아버지 왕착은 공자를 부추겨 내란을 일으키는데 가담했다는 이유로 위무후의 배척을 받게 됐다. 이에 신변의 위협을 느낀 왕착은 아들 왕후를 초楚나라로 피신시켰다. 초나라에 간 왕후는 얼마 지나지 않아 아버지가 위나라를 떠나 한韓나라로 갔다는 소식을 들었고, 아버지의 안위를 염려하여 곧 한나라로 갔다. 그곳에서 그는 한나라 왕인 한후韓侯의 총애를 받아 그의 딸인 금공주와 결혼까지 하게 되었다.

한나라 외상직에 있었던 왕후는 각국 사절로 돌아다니느라 집에 머무는 시간이 많지 않았다. 왕후가 집에 없는 동안 아내인 금공주는 사공대부의 공자인 방희와 사통을 했다. 게다가 남편이 돌아오면 독살하려는 계책까지 꾸몄다. 이 사실을 알게 된 왕후는 밤사이 송나라를 떠났다. 당시 이웃 나라였던 제齊나라는 줄곧 송나라를 공격하기 위해 호시탐탐 엿보고 있었다. 마땅한 기회를 찾고 있던 제나라의 왕은 왕후가 재능이 뛰어나다는 소식을 듣고 변사辯士인 순우곤을 시켜 죽는 한이 있더라도 왕후를 데려오라는 엄명을 내렸다. 만약 그를 데려오지 못하면 죽음을 면치 못할 것이라고 겁박까지 했다. 순우곤이 송나라에 와서 왕후를 만나 제후의 말을 전달하자 왕후는 순우곤이 딱해서 마지못해 제나라로 갔다. 제나라에 있던 짧은 몇 년 동안 왕후는 제나라의 세력을 크게 확장시키는 데 혁혁한 공을 세웠다.

그러자 이번에는 송나라 왕도 가만히 있지 않았다. 역시 자신의 측근인 고흔을 시켜 왕후를 송나라로 데려오라는 명을 내렸다. 송나라 왕 역시 왕후를 데려오지 못하면 고흔 본인은 물론 온 가족을 주살하겠다고 위협하였다. 난감했던 왕후는 고흔에게 한 통의 편지를 써 주며 송나라 왕에게 전하도록 했다. 그리고 어느 날 깊은 밤, 왕후는 조용히 제나라를 떠났다. 왕후가 어디로 갔는지 아무도 아는 사람이 없었다.

왕후는 제나라에서 그리 멀지 않은 '귀아욕鬼兒峪'이란 산골에 은거했다.

그곳에서 그는 일심으로 종횡학술을 연구했다. 그의 주변 사람들은 그를 '귀아욕 선생'이라 불렀고, 훗날 '귀곡 선생'이라고 불렀다.

왕후는 자기의 학술을 전수하기 위하여 귀아욕에서 학도를 모집했다. 그때 귀아욕에서 그리 멀지 않은 제나라에서는 다시 순우곤을 시켜 왕후를 찾아오게 했다. 순우곤은 마침내 태산 부근오늘의 산동성 태안 부근 귀아욕에서 왕후를 찾아내어 제나라 왕이 그를 애타게 찾고 있다는 소식을 전했다. 그러나 왕후는 이 제의를 거절했다. 순우곤은 왕후의 성격을 잘 아는 터라 더 이상 강요하지 않았다. 그가 주는 《종설縱說》과 《횡설橫說》, 이 두 권의 책을 가지고 제나라로 돌아갔다.

학도로서 귀곡자를 제일 먼저 찾아온 사람은 진진陳軫이었다. 그 뒤를 이어 장의張儀, 소진蘇秦 등이 찾아왔고, 이들은 모두 당대에 유명한 종횡대사가 되었다. 수년간 산곡山谷: 산골짜기에 은거하던 귀곡자는 75세로 세상을 떠났다. 후세 사람들은 그를 종횡 조사祖師, 모략 비조鼻祖라고 불렀다.

《귀곡자》는 총 15편 60구句로 이루어져 있다. 주로 유세가들의 구체적인 대화 기법과 유세에서 성공하기 위해 필요한 것들을 다각적으로 서술했다. 내용은 천하의 대세를 보고 누가 유리한지를 먼저 판단하여 유세의 대상을 선정해야 한다는 〈벽합捭闔〉으로 시작된다. 이후 상대방의 반응을 정확하게 판단해야 한다는 〈반응反應〉, 자기 주위에 마음이 통하는 사람을 미리 만들어 두어야 일이 순조롭게 진행되고, 일이 실패할 경우에도 위태롭지 않다는 〈내건內揵〉, 유세에서 문제가 생기면 그 틈새를 미리 봉하는 방법인〈저희抵巇〉, 때로는 상대방의 비위를 맞추는 척하면서 협박도 해야 한다는 〈비겸飛箝〉, 한번 거스른 것을 바꾸어 다시 대세를 따르는 방법을 가르치는 〈오합忤合〉, 천하 정세를 알아내는 〈취편揣篇〉, 제후들의 실제 정세를 알아내는 법을 논술한 〈마편摩篇〉, 유세에서 필요한 화술의 구체적인 종류와 그 특징을 논술한 〈권편權篇〉, 구체적으로 천하를 나스릴 모략의 종류와 그 성질을 천명한 〈모편謀篇〉, 결단을 내릴 경우와 결단의 어려움을 밝힌 〈결편決篇〉 등의 주제가 나온다. 군주가 지녀야 할 덕목인 〈부언符言〉, 정신 수양에 필요한 실질적인 방법을 제시한 〈본경음부7술本經陰符七術〉, 천인합일天人合一을 제시한 〈지추持樞〉, 사람을 감정鑑定하는 비결과 행사 원칙을 천명한 〈중경中經〉 등도 본경의 외편과 잡편으로 등장한다.

이와 같이 저자는 《귀곡자》에서 천하 제후들을 유세하고 천하를 다스려 종縱으로도 갈 수 있고, 횡橫으로도 갈 수 있도록 그 모략들을 여러 방면으로 상세하게 논술했다. 지금 우리가 《귀곡자》를 본다는 것은, 정치나 외교 분야뿐만 아니라 경제경영자, 인사 관리자, 그리고 사회 각계각층에서 자기가 맡은 일을 효과적으로 수행하고, 처절한 사회 경쟁 속에서 부단히 진보하고 발전하여 새로운 가치로 생존하기 위한 모략을 배우는 것이다.

# 차가운 머리로 인간의 속성을 분석하라

오늘날 현대인들에게 가장 중요한 것은 무엇일까? 처세, 기업경영관리, 시장 경쟁, 직장에서의 생존 등의 문제일 것이다. 현재 기업 같은 조직들 간에는 물론 사람들 사이에서도 살아남기 위한 치열한 경쟁이 벌어지는 상황이다. 과거에서 이처럼 혼란했던 시대가 바로 중국의 춘추전국시대다. 바로 그때 귀곡자가 탄생했다. 그는 공자나 맹자처럼 이상론을 외치는 성인이 아니었다. 차가운 머리로 인간의 속성과 현상을 분석해 전략을 짰던 인물이다.

이 책은 각 분야에서 어떻게 하면 자기의 위치를 고수하고 맡은 직무를 효과적으로 수행하며 치열한 경쟁에서 밀려나지 않고 계속 진보 발전할 것인가, 또 나아가 어떻게 하면 새로운 가치를 창조하여 자기의 삶을 한층 더 빛낼 것인가 하는 현실적인 문제들을 귀곡자의 명구와 결부해서 독자들이 이해하기 쉽게 설명했다. 주어진 환경에서 어떻게 원하는 것을 얻고, 어떻게 강자를 이기는가를 귀곡자의 지혜 속에서 찾을 수 있다.

당송 8대가의 한 사람인 구양수歐陽修는 《귀곡자》를 평가하며 "시기에 따라 적절하게 변화하고 일을 가늠해서 적당한 방책을 내는 데 있어 족히 취할 바가 있다"라고 언급했다. 독일의 역사 철학자 슈펭글러O. Spengler

1880~1936는 귀곡자를 가리켜 "사람을 꿰뚫어보는 능력, 정치 현실에 대한 심오한 통찰력과 외교술로 보아 당대 가장 영향력 있는 인물이다"라고 평가한 바 있다.

이 책은 무한경쟁의 시대를 살아가는 모든 이들을 위해 쓰였다. 누구를 막론하고 남에게 제어 당하지 않으며 사람들과의 관계에서 협상의 주도권을 잡을 수 있는 능력, 직장 생활에서 상사를 설득하여 자신이 필요한 자원을 얻고 조직 내에서 성과를 이루어내는 지혜를 배우게 될 것이다.

# 차례

1부

# 귀곡자와 생존 모략

# 제1장

# 처세의 기술

―

신중한 사람은 스스로를 다스릴 줄 알고, 마음이 넓은 사람은 사소한 일에 감정을 상하지 않는다. 격정은 판단력을 흐리게 하므로 언제나 객관적이고 냉정한 태도를 유지하도록 해야 한다. 무릇 이성은 모든 것을 구한다. 윗사람은 자비는 베풀어도 추월당하는 것은 참지 못한다. "별빛이 태양을 가려서는 안 된다"는 것이 처세의 원칙이다.

# 일시적인 분노로
# 자신을 망치지 마라

분노할 줄 모르는 사람은 평범한 사람이고, 분노할 줄만 아는 사람은 어리석은 사람이며, 자신의 감정을 능히 억제하여 될 수 있는 한 성내지 않는 사람은 총명한 사람이다.

만약 총명한 사람이 귀곡자의 말을 깨닫게 되면 결정적인 시기에 자신을 끊임없이 변화시켜 바로 세울 수 있다.

"벽(擗)이라는 것은 연다는 것이요 말한다는 것으로서 양에 속하고, '합(闔)'이라는 것은 닫는다는 것이요 침묵하는 것으로서 음에 속한다. 이 음양이 조화로우면 시작부터 마지막까지 도리가 있게 된다."

그러나 어리석은 사람은 결정적인 시기에 자신의 약점을 드러내어 남들이 자신을 공격할 수 있는 빌미를 만들어 줄 뿐이다.

다음은 나폴레옹의 일화다. 1809년 1월 나폴레옹이 스페인 전장에서 빠져나와 서둘러 파리로 돌아왔다. 그에게 한 각료가 비밀리에 소식을 전했다. 바로 외무장관 탈레랑이 반역을 꾀하고 있다는 것이었다. 나폴레옹은 즉시 각료들을 소집하여 회의를 열었다. 하지만 회의에 참석한 탈레랑은 너무나 태연했다. 그 모습에 나폴레옹은 스스로 감정을 억제하지 못하고 소리쳤다.

"어떤 자가 나를 죽이려 한다."

탈레랑은 별다른 기색 없이 의아한 눈빛으로 그를 바라보았다. 결국, 평정심을 잃은 나폴레옹은 탈레랑을 향해 거칠게 욕설을 퍼부었다.

"나는 너에게 많은 재부財富를 상으로 주고, 최고의 영예를 안겨주었다. 그런데도 너는 나를 죽이려 하다니! 이런 배은망덕한 인간은 비단신을 신은 한 마리의 개에 불과하다!"

그리고는 자리를 박차고 나가버렸다. 나폴레옹의 난데없는 행동에 각료들은 놀라 아무 말도 못하고 서로 얼굴만 바라보았다. 그 순간 당사자인 탈레랑이 나와 차분한 목소리로 각료들에게 말했다.

"여러분, 이번 일은 참으로 유감으로 생각합니다. 저 위대한 인물에게 이토록 지모智謀가 없는 줄 몰랐습니다."

나폴레옹과 탈레랑의 이런 대조적인 모습은 순식간에 많은 사람들에게 알려졌다. 결국, 나폴레옹의 명망은 한풀 꺾이고 말았다. 탈레랑이 노린 점이 바로 이것이었다. 일부러 나폴레옹의 분노를 일으켜 걷잡을 수 없게 만들어 사람들 앞에서 격발시킨 것이 탈레랑의 계략이었다. 이후 사람들 사이에선 나폴레옹이 걸핏하면 화를 내는 사람으로 알려지게 되었다. 이는 그의 권위와 지지도에 큰 영향을 미칠 수밖에 없었다.

나폴레옹은 총명한 사람이었지만, 이번만은 전혀 지혜롭지 못했다. 자신의 감정을 다스리지 못한 처사로 탈레랑에게 약점을 잡히고 말았기 때문이다. 여기서 탈레랑은 귀곡자의 '벽합술捭闔術'을 잘 운용한 것으로 보인다. 그가 나폴레옹의 질책 앞에서 짐짓 어리석은 척한 것은 '닫아 보관한다'는 '합闔'에 해당한다. 그리고 나폴레옹이 성이 나서 급하게 자리를 떠난 것은 바로 그의 약점을 대중들이 알게 한 것으로, 이것은 귀곡자의 '벽捭'으로 풀이할 수 있다.

만약 나폴레옹이 먼저 각료들이 자신을 반대하는 이유를 생각해 보고, 그들에게 자신의 결점을 묻고 의견을 들었다면 어땠을까? 분명 이렇게 대처했다면 오히려 그들의 마음을 돌리고 지지를 받을 수 있었을 것이다.

모든 책략 가운데서 반드시 삼가야 할 것은 어린애 같은 분노다. 분노는 위엄에 복종하게 하는 효과를 놓치게 할 뿐 아니라, 오히려 자신 스스로 약점을 폭로하는 행위가 되고 만다. 그러므로 붕괴의 전주前奏인 광풍 폭우식의 분노 폭발은 반드시 억누르고 다스려야 한다.

사람의 약점은 항상 감정을 표현하는 과정에서 드러나게 된다. 이는 '합闔'의 '숨김'을 모르기 때문이다. 아무리 뛰어난 모략과 전투력도 분노의 감정 속에서는 힘을 발휘하지 못한다. 분노에 이기지 못해 자신의 약점을 폭로하는 것은 바로 자신의 체면을 깎는 일이다. 따라서 냉정함을 유지하는 것이 가장 중요하다.

직장에서 타인의 감정 테두리 안에서 냉정한 이성을 유지하는 것은 '벽합'에 적합한 것으로서 직장 내 권력 구도에서 주도권을 잡게 해 준다. 만약 분노의 감정이 이미 일어났다면 반드시 억제할 줄 알아야 하며, 자신을 지키는 '벽합술'을 운용해 상황을 분석하고 문제 해결을 위한 적합한 시기를 찾아야 한다.

# 지혜롭게 인재를 얻다

소진과 장의는 귀곡자의 제자였다. 그들은 귀곡자의 학문을 배운 다음, 제후들에게 유세遊說하여 자신의 원대한 포부를 실현하려 했다. 장의는 맨 처음 초나라로 갔다. 그러나 유세로 성공하기는커녕, 오히려 초나라의 재상들로부터 옥벽玉璧을 훔쳤다는 누명을 쓰고 결박당한 채 뭇매를 맞고 쫓겨 났다.

한편, 소진은 한 차례 고난을 겪은 다음 겨우 조趙나라에 발을 붙이게 됐다. 소진은 온 힘을 다해 6개 제후국들을 연합해 공동으로 진秦나라에 대항하려 했는데, 이 목표를 달성하기 위해서는 반드시 마땅한 인물이 진 나라에 가서 대권을 장악해야만 했다. 그는 생각 끝에 동문수학한 장의를 떠올렸다. 그리하여 위나라에 사람을 보내어 장의를 찾아 조나라로 데려오 도록 했다.

집에서 초연하게 지내고 있던 장의에게 누군가 찾아왔다. 조나라로 갈 것을 권유받은 그는 이왕 이렇게 지내는 거 조나라에서 대권을 잡고 있는 소진을 찾아가 보는 것도 나쁘지 않겠다고 생각했다. 장의가 조나라에 도착하자 막상 소진은 그를 만나주지도 않았다. 뿐만 아니라 부하를 시켜 다시 위나라로 돌아가지도 못하게 막아버렸다. 그렇게 며칠이 지나서야 겨우 장의는 소진을 만나볼 수 있게 됐다. 하지만 소진은 장의를 대청 아래에 꿇어앉히고, 식사를 할 때도 노복들의 무리 속에서 그들과 함께 음식을 먹게 했다. 결국 장의는 모욕감을 이기지 못해 분노를 터뜨렸다. 그러자 소진은 대청 위에서 장의를 질책했다.

"자네가 아무리 재능이 뛰어나다고 한들 내가 도와주지 않는 한 자네는 이 수치를 면할 길이 없네. 내가 추천하기만 하면 자네를 하루아침에 부귀하게 만들 수 있는데, 싫다고 하니 나도 어쩔 수 없군."

소진은 말을 마친 후, 부하를 시켜 장의를 대청에서 내쫓게 했다. 장의는 절친한 벗에게 이런 모욕을 당하는 것이 너무 뜻밖이었다. 그는 격분해 이를 부득부득 갈면서 반드시 조나라와 싸워 이길 수 있는 강대한 나라를 찾아가서 발을 붙이고 이 치욕을 씻으리라 결심했다.

장의는 곧바로 조나라를 떠나 강대한 진나라로 갔다. 이때 소진은 신하에게 당부했다.

"장의는 천하에 얻기 어려운 인재다. 나도 그에게는 미치지 못한다. 내가 그에게 수치와 모욕을 준 것은 그의 심지心志를 격발시켜 성난 김에 진나라에 가서 대권을 잡게 하고자 함이었다. 그러니 너는 온갖 수단과 방법을 가리지 말고 그에게 접근해, 그와 함께 진나라로 가도록 해라. 그리고 그가 진나라 왕을 만나 그곳에서 반드시 대권을 잡도록 도와주어야 한다. 이 일이 성사된 후에는 나의 뜻을 그에게 알려주어라. 그렇게 하면 진나라는 조나라에 대해 불리한 일을 하지 않을 것이다."

　동시에 소진은 조나라 왕에게 자기의 모략을 밝혔다. 조나라 왕은 많은 재물을 주어 장의를 돕도록 했다. 소진의 신복은 그의 지시에 따라 장의와 같은 여관에 묵으면서 그에게 접근했고, 그를 전심전력으로 도우며 필생의 생사지교生死之交를 맺었다. 이와 같이 소진의 도움을 받은 장의는 진나라에서 자신의 재능을 마음껏 펼치며 노력한 끝에 점차 진나라 왕의 신임을 얻게 되었고, 결국 대권까지 잡게 되었다.

　그때 소진은 사람을 파견해 장의를 조나라로 돌아오게 했다. 장의는 단호히 거절했다. 소진은 신하를 보내 장의에게 사건의 경위를 자초지종 알려주었고, 장의는 크게 놀라며 감탄을 금치 못했다.

　"아, 나는 소진의 계책에 빠진 줄은 전혀 몰랐도다! 나는 정말 소진보다 현명하지 못하구나! 자네가 나를 대신해 소진에게 감사를 표해 주게. 소진이 있는 한 내 어찌 조나라를 공격할 수 있겠는가. 그 어떤 이유로도 조나라를 공격할 수 없네."

　소진이 장의를 성공으로 이끌 수 있었던 것은 우선 장의가 자존심이 강하고 심지가 굳어서 반드시 일을 성사시킬 수 있는 인물임을 잘 알고 있었기 때문이었다. 소진은 장의의 자존심에 상처를 입힘으로써, 그가 진나라에 가서 분발해 부강을 도모하고 끝내 위업을 성취하도록 했다. 소진이 운용한 것은 귀곡자의 다음과 같은 술책이었다.

　"마치 사람을 찾아 그 안에 머물면서 상대방의 능력을 측량하고 그의 의

도를 적중시키는 것과 같으니, 나타나는 반응이 틀림없이 없어 마치 등사騰
蛇: 풍수지리설에서 오방(五方)을 지키는 여섯 신 중의 하나로 '구진(句陳)'과 함께 방위의 중
앙을 맡아 지킴. 날아다니는 뱀으로, 풍운을 몰고 온다고 함가 가리키고 후예后羿: 해를
쏘아 떨어뜨렸다는 하나라의 명궁가 화살을 쏘는 것과 같다."

  소진은 '돌을 던져 격랑을 일으킨다'는 술책을 써서 장의를 격노하게 함으
로써 즉시 조나라를 떠나 진나라에 가서 분발 노력해 끝내 대의를 성취하
도록 한 것이다. 이리하여 장의는 전국시대의 첫 변사辯士요, 설객說客이 되
었다.




  若探人而居其內, 量其能, 射其意也, 符應不失, 如騰蛇之所指, 若羿之引矢.
  약 탐 인 이 거 기 내   량 기 능   사 기 의 야   부 응 불 실   여 등 사 지 소 지   약 예 지 인 시

  마치 사람을 찾아 그 안에 머물면서 상대방의 능력을 측량하고 그의 의도를
  적중시키는 것과 같으니, 나타나는 반응이 틀림없이 없어, 마치 등사가 가리키고
  후예가 화살을 쏘는 것과 같다.

                                               - 귀곡자 〈반응反應〉에서

# 매미가 허물을 벗는
# 자연의 법칙

1206년 5월, 송나라의 10만 정규군은 금金나라 군대의 추격으로 궁지에 빠져 허겁지겁 꽁무니를 뺐다. 금군은 '필 장군畢將軍'의 깃발을 높이 들고 일당백의 기세로 추격해 왔다. 이런 금군과 유일하게 맞서 싸우는 부대가 있었는데, 그 부대의 지휘관이 바로 남송의 명장 필재우畢再遇였다.

남송 개희년開禧年에 금나라 군대가 수차례나 중원지대를 침범해 왔다. 필재우는 군대를 이끌고 금군과 싸워 몇 차례 승리했으나, 오랫동안 전쟁이 끊이지 않았다.

금나라는 여러 차례에 걸쳐 수만 명의 정예기병을 모집해 송나라 군대를 공격해 왔다. 그에 비해 송나라의 인마人馬는 겨우 몇천뿐이어서 금군과 싸워봤자 패전할 것이 불 보듯 뻔했다. 이런 상황에서 필재우는 힘을 고르기 위해 잠시 퇴각을 준비하고 있었다. 그때 금나라 군대는 이미 성 밑에 와 있었다.

만약 송나라 군대가 후퇴한다는 사실을 알게 된다면 반드시 추격할 것이고, 그렇게 되면 송나라 군대는 치명적인 손실을 입게 될 것이 분명했다. 필재우는 부대를 어떻게 교묘하게 이동시킬 것인가에 대해 고심했다. 이때 장막 밖에서 말발굽 소리가 요란하게 들려왔다. 순간 필재우에게 기발한 생각이 떠올랐다. 그는 우선 비밀리에 군대에 영을 내려 모든 병사들에게 3일분씩의 식량을 준비하게 했다. 그리고 장막과 깃발은 모두 그대로 두게 하고, 살아있는 양 몇 마리를 가져다가 뒷다리를 끈으로 매어 높이 걸어놓게 했다. 밤이 깊어지자, 필재우는 병사들에게 은밀히 철수할 것을 명령했다. 이렇게 송나라 군대는 어둠의 장막을 틈타 남쪽으로 철수한 것이다.

그 무렵 금나라 장령은 필재우의 군대를 일거에 소탕하고자 부근에 있는 군대에 증원을 요청했다. 그러나 금나라 주장들은 필재우가 지혜와 모략이 보통이 아님을 잘 알고 있었으므로 여러 갈래로 정찰병을 파견해 송나라 진영을 살피도록 지시했다. 금군의 정찰병들은 숨어서 송나라 진영을 면밀히 주시했다. 그날 밤에도 송나라 병사들은 전날과 다름없이 밤이 되자 불을 끄고 조용히 잠을 자고 있었고, 깃발도 그대로 나부끼고 있었으며 야경의 북소리 역시 끊이지 않고 간간이 들려오고 있었다.

필재우는 철수하기 전에 부하를 시켜 양의 다리를 묶어 공중에 매달게 했다. 그리고 병사들이 후퇴할 때는 묶어 놓았던 양의 앞다리만 풀어놓도록 했다. 공중에 매달린 양은 묶인 뒷다리가 아플 때마다 발버둥을 치면서 앞발로 경고更鼓: 옛날에 시각을 알려주던 북를 둥둥 소리 나게 쳤던 것이다. 이런 사실을 알 리 없는 금나라 정찰병들은 그 소리가 송나라 병사가 쳐서 나는 소리로 믿고 있었다.

경고 소리는 밤새 끊이지 않고 울렸다. 금나라 병사들은 날이 밝은 뒤에도 송나라 진영에 별다른 동정의 변화가 없자 주장에게 보고조차 하지 않았다. 대낮이 되자 금군의 주장은 부하들에게 군대 전체를 영솔해 송나라 진영에 대한 공격을 개시하고, 필재우를 생포하라는 영을 내렸다. 상황을 살피기 위해 금군의 주장은 높은 등성이에 올라 송나라 진영을 내려다보았다. 송나라 진영에는 아무런 움직임이 없었다. 금군의 주장은 정찰병들에게 급히 영을 내려 송나라 진영에 가까이 다가가 정세를 살피도록 했다. 그제야 금군은 송나라 군사가 이미 철수하고, 빈 진영만 남아 있음을 알게 되었다.

귀곡자는 이렇게 말했다.

"떠나고자 하면 그저 화를 당하지 않도록 조심하는 마음으로 함께한다. 일의 변화가 심해 어떻게 돌아갈지를 잘 알지 못할 때는 물러나 자신의 몸을 안전하게 하는 것이 큰 도리다."

즉 안 되는 일에 너무 많은 에너지를 소비할 필요가 없다는 뜻이다. 내건 內揵: 내(內)는 안으로 들어가다, 안에 위치한다는 뜻이고, 건(揵)은 매우 긴밀하게 관계를 맺는다는 뜻으로 '막는다' '닫아걸다'의 의미를 가짐이 되지 않은 상황에서 무리하게 일을 추진하면 자신의 몸이 위험해지기 때문이다.

무슨 일을 하든 객관적인 정황에 따라 기회를 보아 행동하며 남들이 자기의 행위를 쉽사리 알아차리지 못하게 해야 한다. 이것이 바로 자신을 안전하게 하고 진퇴를 자유자재로 하는 '매미가 허물을 벗는' 자연의 법칙인 것이다.

若慾去之, 因危與之, 環轉因化, 莫之所爲, 退爲大儀.
약 욕 거 지　인 위 여 지　환 전 인 화　막 지 소 위　퇴 위 대 지

떠나고자 하면 그저 화를 당하지 않도록 조심하는 마음으로 함께한다. 일의 변화
가 심하여 어떻게 돌아갈지를 잘 알지 못할 때는 물러나 자신의 몸을 안전하게
하는 것이 큰 도리다.

- 귀곡자〈내건內揵〉에서

# 슬기롭게 위험을 벗어나라

진평은 서한 왕조의 개국공신이다. 소년 시절에는 책 읽기를 즐겨 했다. 처음엔 항우를 따르다가 후에는 유방을 섬겼는데, 모략이 뛰어나 한나라 통일에 공을 세웠다. 유방이 천하의 패권을 도모할 당시 진평은 죽음을 무릅쓰고 유방에게 충성했다. 유방이 죽은 후, 부인 여 씨가 권력을 잡고 유 씨 일가를 위협했다. 그러자 진평은 주발과 함께 모반을 감행해 여 씨 일가를 주살하고 한문제漢文帝를 옹립했다.

초나라와 한나라가 전쟁 중일 때, 진평은 유방의 진영으로 가기 위해 항우項羽 진영에서 몰래 도망쳐 나왔다. 밭의 오솔길로 황급히 빠져나와 황하 기슭으로 간 진평은 강가에 이르러 낮은 소리로 강을 건널 수 있는 배를 불렀다. 배에는 너덧 명의 사내가 타고 있었는데, 얼굴이 모두 야만인처럼 흉악한 모습이었다. 진평은 배를 타는 것이 불길했지만, 달리 방법이 없었다.

곧 초나라 군사가 추격해 올 것이 분명하기에 울며 겨자 먹기로 배에 올라 탔다. 배가 천천히 움직이기 시작하자 진평은 다소 마음을 놓았으나, 배에 탄 사내들은 서로 눈짓을 하면서 수군거렸다. 불길한 예감이 진평의 마음을 사로잡았다. 이윽고 배가 강 한복판에 이르자 배의 속도기 느려졌다.

'저들이 손을 쓰면 나는 어쩌지?'

진평은 배에 오르기 전부터 생각해 놓은 계책을 발휘할 때가 되었다고 판단하고 자리에 일어서면서 말했다.

"배 안이 너무 덥군요. 너무 더워서 땀이 다 나네요."

그러면서 그는 별일 없다는 듯이 허리춤에서 보검을 빼고 웃옷을 훌훌 벗었다. 벗은 옷가지를 뱃전에 걸쳐 놓은 후, 그들을 도와 노를 저었다. 그의 행동을 보고 있던 사내들은 서로 쳐다보면서 의아해했다.

"날씨가 꽤 무덥네요. 아무래도 한바탕 소나기라도 올 것 같습니다."

진평은 이렇게 말하면서 하나 남은 속옷까지 벗어 뱃전에 걸쳐 놓았다. 진평은 알몸인 채로 그들과 함께 노를 저었다. 진평에게 재물이 없음을 알게 된 사내들은 그를 해치려는 마음을 버리고 배를 재빨리 기슭으로 저어 갔다. 진평이 옷을 벗어 한 차례의 재앙을 물리친 것은 그의 기지와 총명이 사람들로 하여금 마음속으로부터 감동을 자아내게 했기 때문이었다.


귀곡자는 이렇게 말했다.

"성인이 사태의 위급함을 미리 알아채서 저희抵巇('저'는 치고 접촉한다는 뜻을 가진 글자로, 처리하고 이용한다는 의미이고, '희'는 험준하고 험악하다는 뜻을 가진 글자로, 틈새, 모순, 맹점 등의 의미를 지님의 방법을 쓸 수 있는 이유는, 조화에 따라 일을 처리해 지략에 통달했으므로 세밀하고 미묘한 것을 모두 알기 때문이다.

대체로 일이란 티끌처럼 작은 것에서 시작해서 태산의 뿌리를 휘두를 만큼 커지는 것이다."

지혜가 있는 사람은 순간 사물의 나쁜 낌새가 나타나면 민감하게 반응한다. 우선 사물의 징조를 발견하고 변화되는 자취를 추적해 마음속으로 전반적인 계획을 준비한다. 더불어 작은 틈새가 생긴 원인을 찾고 해결 방법을 생각해 낸다.

진평은 배에 타고 있는 사람들의 인상과 차림새, 언어 등 아주 작은 사소한 것에서 감지했다. 자기가 타지 말아야 할 도적들의 배에 올라탔음을 간파했던 것이다. 이러한 점에서 진평이 비범한 안목과 통찰력이 드러나 있다. 그는 배에 탄 사람들이 재물을 빼앗기 위해 사람을 죽인다는 것을 알아챘고, 그 대응책으로 날씨가 무덥다며 웃통을 벗어 자기가 무일푼임을 알려 줌으로써 그들이 재물을 빼앗으려는 의도를 포기하게 해 슬기롭게 위험을 모면할 수 있었던 것이었다.

事之危也, 聖人知之, 獨保其用, 因化說事, 通達計謀, 以識細微.
사 지 위 야  성 인 지 지  독 보 기 용  인 화 설 사  통 달 계 모  이 식 세 미

經起秋毫之末, 揮之於泰山之本.
경 기 추 호 지 말  휘 지 어 태 산 지 본

성인이 사태의 위급함을 미리 알아채서 유독 저희抵巇의 방법을 쓸 수 있는 이유는 조화에 따라 일을 처리해 지략에 통달했으므로 세밀하고 미묘한 것을 모두 알기 때문이다. 대체로 일이란 티끌처럼 작은 것에서 시작해서 태산의 뿌리를 휘두를 만큼 커지는 것이다.

- 귀곡자 〈저희抵巇〉에서

# 부드러움의 힘

동한東漢의 개국 황제 유수는 모략에 정통하고 지용을 겸비한 인물이었다. 유수는 천하를 빼앗은 싸움에서 공심술攻心術을 매우 중시했다. 강경한 적수들과 맞설 때도 부드러움을 위주로 한 유도柔道로 적수를 모두 이기고 천하를 차지했다.

서기 27년건무 3년, 유수는 적미군의 퇴로를 차단하기 위해 친히 대군을 이끌고 의양으로 돌진했다. 적미군의 어린 황제 유분자는 경황실색驚惶失色해 자기 형인 유공에게 말했다.

"비록 우리 군이 10만 대군이라지만, 이미 화살에 놀란 새가 되어 다시 싸울 힘이 없어졌습니다. 제가 아무리 생각해 봐도 별다른 계책이 없으니 제발 형님께서 저를 구해 주십시오."

유공이 말했다.

"싸워 봐야 무익하니 눈앞의 목숨을 보전하는 것이 중요하다. 유수는 여전히 유 씨의 종친이니 그에게 나와 10만 대군의 목숨을 살려 달라고 간청하겠다."

유공은 유수를 만나 투항해 귀순하겠다는 의사를 밝히고 다음과 같이 물었다.

"폐하께서 오늘날과 같은 대업을 성취하시게 된 이유를 아십니까?"

유수는 빙긋이 웃으며 반문했다.

"실패한 장군이 무슨 자격이 있다고 짐을 평하는가?"

그러나 유공을 말을 멈추지 않고 맞받아쳤다.

"적미군이 백만 대군이었음에도 불구하고 패배한 원인이 무엇인지 폐하께서는 궁금하지 않으십니까?"

유수는 정색을 하고 낮은 소리로 말했다.

"내가 일찍이 너에게 다소 식견이 있음을 알고 있었기에 몇 마디 하도록 허락하겠다. 만약 사실이 아니고 감언이설로 사람을 유혹한다면, 반드시 그 죄를 엄하게 다스리겠다."

이에 유공은 쓴웃음을 지으며 이렇게 말했다.

"적미군은 백성들을 잔혹하게 대해 백성들의 원성을 산 까닭에 끝내 큰일을 이루지 못했습니다. 폐하는 인애하시고 겸허하셔서 민심을 잘 받아들이시니 백성들이 폐하를 옹호하고 지지하고 있습니다. 폐하께서 비록 천하를 얻으셨다고 하나 다시 한 번 인의를 베풀어 우리를 받아들여 주신다면, 폐하의 미명美名을 더욱 높이게 되고, 또 폐하의 강산을 보존해 난이 없을 것이옵니다."

유수는 아무런 표정이 없었다. 유공의 말에 깊이 감동이 되었으나 일부러 반박해 이렇게 말했다.

"너희가 무력해서 다시 싸울 수 없으니까 주동이 되어 투항하겠다는 것인데, 만약 권력에 일시적으로만 유익한 계책이라면 짐이 너희들에게 당하는 것이 아니겠는가? 짐은 그대 진심을 믿기 어렵도다."

유공은 변론을 멈추고 다만 폐하의 뜻에 맡기겠노라고 했다. 유수는 군신들과 이 일을 상론할 때 유공이 한 말을 한번 되풀이하면서 감탄의 말을 이었다.

"아직 천하를 평정하지 않았지만, 유공의 말을 듣지 않을 수 없다. 우리는 적미군을 소멸하기는 쉽지만, 그것을 믿고 민심을 정복한다는 것은 크나큰 착오인 것이다. 백성이 불복하면 천하는 태평하지 못한 것, 이것은 짐이 제일 근심하는 바다."

유수는 유공을 만나 그들의 투항을 받아들였다. 그리고 그들에게 식량을 공급하도록 명해 오랫동안 굶주림에 시달렸던 10만 적미군 병사들을 배불리 먹게 했다. 그리고 적미군 황제 유분자를 위로하며 말했다.

"너희에게 비록 큰 죄가 있으나 잘한 것이 세 가지 있다. 그 하나는 성을 공격하고 땅을 차지해 부귀영화를 누렸지만 원래의 처지를 포기하고 바꾸지 않은 것이다. 두 번째 잘한 일은 천자를 유 씨 종실로 세운 것이요, 세 번째 잘한 일은 너희 장령들이 너의 공적을 말살하지 않은 것이다."

유수는 부하들에게 사사로이 이렇게 말했다.

"짐은 인애로 사람을 대하고자 하니 다만 적미군 병사들을 편안하게만 해 주면 된다."

그러나 유수의 신하들은 적미군이 또 반란을 일으킬까 봐 두려움에 떨면서 유수에게 진언했다.

"폐하! 유분자가 적의 수뇌로서 두 마음을 품고 있지 않다고 보기 어려우니, 그를 없애지 않으면 안 됩니다."

그러나 유수는 고개를 저었다.

"인의仁義를 행함에 있어서 추호의 거리낌 없이 성심으로 한다면 그 효력은 대단한 것이다. 짐이 그들에게 너그럽게 대하는데도 그들이 또다시 반란을 일으킨다면 그것은 그들이 멸망을 자초하는 것이요, 만약 짐이 배반하고 그들을 억울하게 죽인다면 그것은 짐의 실패가 되는 것이다. 그러므로 짐은 경들의 뜻에 동의할 수 없도다."

유수는 유분자에게 후한 상을 내리고, 또 조왕의 낭중郎中 : 벼슬 이름을 맡겼다. 사람들은 유수의 어진 덕행을 칭송했고, 천하의 혼란한 국면은 사라지고 나날이 새롭게 안정되어 갔다.


귀곡자는 이렇게 말했다.

"마음속의 우려와 걱정을 자세히 살펴보아 그가 좋아하고 싫어하는 것을 알아낸 후에 집중적으로 유세하는데, 비겸飛箝 : '비'란 '칭찬하고 부추긴다'는 뜻이고, '겸'은 '재갈을 먹이다, 목에 칼을 씌우다'는 말로서 즉 꼼짝 못하게 한다는 의미술로써 상대방이 좋아하는 것으로 낚아채어 꼼짝 못하게 그를 잡는다."

'인자仁慈'함으로 적의 심리 방어선을 허문다면, 그 어떤 살육보다 살상력이 더 강해진다. 잔혹한 통치자가 민중을 경시하고 무력을 숭상하는 것은, 그들이 두뇌가 단순하고 인정을 헤아릴 줄 모른다는 구체적인 표현인 것이다. 만약 '비겸술'로 민심을 포용한다면 최종적으로 천하를 얻을 수 있다.

心意之慮懷, 審其意, 知其所好惡, 乃就說所重, 以飛箝之辭, 鉤其所好,
심 의 지 려 회  심 기 의  지 기 소 호 오  내 취 설 소 중  이 비 겸 지 사  구 기 소 호

是乃以箝求之.
시 내 이 겸 구 지


마음속의 우려와 걱정을 자세히 살펴보아 그가 좋아하고 싫어하는 것을 알아낸
후에 집중적으로 유세하는데, 비겸飛箝: '비'란 '칭찬하고 부추긴다'는 뜻이고, '겸'은
'재갈을 먹이다, 목에 칼을 씌우다', 즉 꼼짝 못하게 한다는 의미술로써 상대방이 좋
아하는 것으로 낚아채어 꼼짝 못하게 그를 잡는다.


- 귀곡자 〈비겸飛箝〉에서

# 사냥감부터 똑똑히 보라

A는 미국 미술품 시장에서 이름난 브로커였다. 그런데 사업가 B는 그와 거래를 전혀 하지 않았다. A는 반드시 기회를 타서 B를 자기 고객으로 만들겠다고 결심했다. 그 말에 많은 사람들이 불가능한 일이라고 했다. 그것은 B가 내성적인데다가 말이 없고 침묵을 금으로 여기는 사람이어서, 말하기 좋아하고 웃기 잘하는 A에 대해 호감을 갖고 있지 않기 때문이었다. 그러나 A는 호언장담했다.

"두고 보시오. 내 기필코 B에게 물건을 팔고, 최고의 고객으로 만들고야 말 테니."

그때부터 A는 적극적으로 B에 대한 정보를 수집했고, 열정을 쏟아 그의 성격과 습성, 품위와 기호를 알아냈다. 심지어는 B의 부하 직원들을 매수해 그들로부터 정보를 얻어냈다. B에 대한 행동 개시에 들어갔을 때, A가

B에 대해 얻어낸 정보는 그의 아내가 자기 남편에 대해 알고 있는 것보다 더 많을 정도였다.

1921년. 런던을 방문한 B는 엘리베이터 문 앞에서 우연히 A를 만났다. 물론 불과 몇 분 전에 B의 수행원이 A에게 B가 엘리베이터를 타고 국립화랑으로 간다는 정보를 전해 준 결과였다. A가 먼저 인사를 건넸다.

"안녕하세요, B씨! 저는 국립화랑에 그림 좀 보려고 왔는데, B씨는 무슨 일로 여기 오셨습니까?

B가 대답했다.

"저도 화랑에 가는 길입니다."

이때 A는 B에 관해 이미 자기 손금 보듯 모든 것을 환하게 알고 있던 터였으므로, 그가 내뱉는 말 한 마디 한 마디가 B를 놀라게 하고 공감하게 만들었다. 특히 B가 불가사의하게 여긴 것은 두 사람의 취미가 너무 흡사하다는 것이었다. B는 뉴욕으로 돌아가는 즉시 A의 화랑을 찾았다. 그곳에는 그가 꿈에도 그리던 희귀한 예술품들이 모두 소장되어 있었고, B는 곧 A와 거래를 시작해 결국 그의 단골 고객이 되었다.

A의 성공은 '바둑을 두는 지혜'에서 '지피지기 백전불태知彼知己 百戰不殆: 상대방을 알고 나를 알면 백번 싸워도 위태롭지 않음'의 중요성을 충분히 입증했다.


귀곡자는 말했다.

"오합忤合: '오'는 '거스르다, 배반하다', '합'은 '따르다, 함께하다'의 뜻의 도는 반드시 자신의 재능과 지혜를 먼저 알고, 누가 나보다 능력이 못한지를 알아야 한다. 그런 후에 나아갈 수도, 물러설 수도 있으며, 종으로 갈 수도 있고 횡으로도 갈 수도 있는 것이다."

자고로 행군을 하든 싸우든 정치 권술이든 상업전쟁이든 간에 '지피지기'는 필연적인 전술로서 오직 자기를 알고 상대방의 구체적인 정황을 정확하게 분석하고 판단하며 상대방의 다음 동향을 예측할 수 있어 상대방과 매번 교전을 벌여도 위태롭지 않다.

오늘날 치열한 사회경쟁 속에서 오직 자기와 상대방을 정확히 파악하고 효과적으로 자신과 환경의 강점을 이용할 때 영원히 경쟁의 바다에 침몰하지 않고 성공적으로 항해할 수 있는 배에 올라탈 수 있다.

故忤合之道, 己必自度材能知睿, 量長短遠近孰不如. 乃加以進, 乃加以
고 오 합 지 도  기 필 자 도 재 능 지 예  량 장 단 원 근 숙 불 여  내 가 이 진  내 가 이

退, 乃加以縱, 乃加以横.
퇴  내 가 이 종  내 가 이 횡

오합의 도는 반드시 자신의 재능과 지혜를 먼저 알고, 누가 나보다 능력이 못한지를 알아야 한다. 그런 후에 나아갈 수도, 물러설 수도 있으며, 종으로 갈 수도 있고 횡으로도 갈 수도 있는 것이다.

– 귀곡자 〈오합忤合〉에서

# 입의 고뇌

말할 때는 상대방의 말과 안색을 살피고 그 의중을 헤아려야 모든 일이 순조롭게 풀린다. 분위기 파악도 못하고 분별없이 지껄이는 사람에겐 그런 행운이 있을 수 없다. 남에게 미움을 사거나 노엽게 하는 것은 사소한 말실수 때문일 경우가 많다. 별것 아닌 작은 실수로 인해 큰 과오를 저지르게 되는 것이다. 이런 낭패를 면하려면 상대방의 말과 안색을 살피고 그 의중을 헤아려 자기 입이 머리보다 빨리 나대지 않도록 조심해야 한다.

입이 머리보다 빨리 움직이는 사람은 대체로 두 종류로 나눌 수 있다. 한 사람은 임기응변의 재치가 있어서 입만 벌리면 말이 나오고, 말만 했다 하면 문장이 되어 순간적으로 대중의 칭찬을 받는 사람이다. 다른 한 사람은 천부적으로 자질에 한계가 있는 사람으로, 말할 때 대뇌를 거치지 않고 바로 입으로 내뱉어서 남을 노엽게 하고 때로는 그 말을 수습할 길이 없게 만드는 사람이다.

이런 우화가 있다.

어느 날, 한 집에 도둑이 들었다. 다음날, 그 집 주인이 머리를 깎으려고 이발관에 갔다. 이발사는 그의 안색이 어두운 것을 보고 무엇 때문에 그렇게 수심에 잠겼느냐고 물었다.

"어젯밤에 우리 집에 강도가 들어와서 내가 1년 동안 모아 놓은 돈을 몽땅 훔쳐 갔소. 생각 끝에 강도를 대신해서 1년 치 머리를 깎으려고 왔소."

이 말을 들은 이발사는 성을 내면서 그를 내쫓아버리고 새로 들어온 손님의 머리를 깎았다. 그 손님이 의아해하면서 물었다.

"먼저 왔던 손님을 왜 쫓아내셨습니까?"

이발사는 자초지종을 이야기하며 쫓아낸 남자를 비난했다.

"1년 치 머리를 깎으라니! 나더러 숫제 머리통을 밀어버리라는 소린지, 원. 정신 나간 인간 같으니라고!"

이발사의 말을 듣고 손님이 머리를 끄덕이며 말했다.

"그 사람, 말 잘못해서 제 밥사발 깰 사람이군요."

이 우화가 말해주듯이 대뇌를 거치지 않고 무심코 내뱉은 말이 사람들로 하여금 그냥 웃어넘길 수 없는 오해를 자아내는 것이다. 대뇌를 거치기도 전에 말을 함부로 토해 내는 사람이 있다. 그런 사람은 머리보다 입이 빠른 사람으로 실없는 소리를 자주 하게 되고 심지의 남의 미움과 노여움을 사게 된다.

제나라의 고제高帝가 하루는 당시의 저명한 서예가 왕증건과 서예 시합을 하자고 제의했다. 두 사람은 한 폭의 종이에 힘껏 붓글씨를 썼다. 붓을 놓으면서 고제가 왕증건에게 물었다.

"경이 말해 보시오. 누가 제1이고 누가 제2입니까?"

왕증건은 자기를 낮게 평가하기도 싫고, 그렇다고 황제의 미움을 사기도 싫어서 이렇게 말했다.

"신의 서법은 신하들 가운데서 제1이고, 폐하의 서법은 황제 중에서 제1이옵니다."

고제는 왕증건의 말을 듣고 빙그레 미소 지었다. 왕증건의 대답은 매우 교묘했다. 황제의 존엄을 생각할 때 신하가 제아무리 뛰어나다 해도 황제와 비교해서는 안 된다는 군신의 도리를 잘 보여주는 대답이었다. 신하의 입장에서 일거양득이요, 일석이조의 현답이 아닐 수 없다. 이것이 바로 언어 표현의 매력인 것이다.


귀곡자는 이를 두고 말했다.

"대개 안에서의 감정 변화는 밖에서 그 모습이 보이므로, 반드시 항상 그것을 살펴 그 숨겨진 것을 알아내고, 이것을 깊이 탐지해 본심을 밝혀야 한다."

말을 할 때 상대방의 정황을 간파하고, 그 정황에 근거하여 알맞은 화제와 이야깃거리를 찾는다면 대화를 할 때 비교적 의미가 통해 서로 거리가 가까워지고 비교적 친밀하게 느끼게 된다. 그러므로 깊이 탐지해 본심을 밝히고, 이로움과 폐단을 가늠할 줄 알며, 무슨 일이든지 두세 번 다시 생각해 보고 말한다면 입신출세에 있어서 그 무엇보다 좋은 습관이 될 것이다.

夫情變於內者, 形見於外.
부 정 변 어 내 자   형 견 어 외

故常必以其見者, 而知其隱者, 此所謂測深揣情.
고 상 필 이 기 견 자   이 지 기 은 자   차 소 위 측 심 췌 정


대개 안에서의 감정 변화는 밖에서 그 양상이 보인다. 그러므로 항상 그것을 살펴

그 숨겨진 것을 알아내야 하는데, 이것을 가리켜 '깊은 곳을 살펴 본심을 밝힌다

測深揣情'라고 한다.

- 귀곡자 〈췌정揣情〉에서

# 급히 먹는 밥이 체한다

일찍이 공자는 "일을 너무 서두르면 도리어 이루지 못한다"고 했다. 무슨 일이든 조급하게 서둘러서 즉시 효과가 나타나기를 바라는 것은 환상에 지나지 않는다는 뜻이다.

일을 할 때는 반드시 조급한 마음을 버리고 낚싯줄을 드리운 채 참을성 있게 기다릴 줄 알아야 한다. 그런 다음 하나하나에 적극적으로 노력하고 가는 곳마다 진영을 쳐놓아야 비로소 '큰 물고기'가 물리게 된다.

어느 날, 무측천武測天이 딸 태평공주에게 보물 하나를 선물했다. 그 보물이 며칠도 안 되어 사라져 버렸다. 이에 놀란 무측천은 자기의 얼굴에 먹칠을 한 것이나 마찬가지라며 즉시 낙주장사洛州長史를 불러 9일 내로 이 사건을 해결하라는 영을 내렸다. 낙주장사는 속수무책이라 명탐정 소무명蘇無名을 불러 도움을 청했다. 그러자 소무명은 무측천을 만나 이 사건을 해결하는 데 시간제한을 두지 말아 달라고 간청했다. 무측천은 그 말을 괜한 구실로 여겼지만, 그를 너무 난처하게 해서도 안 될 것 같아서 요구를 들어주었다. 그날 이후 소무명은 서두르는 기색도 없고, 달리 하는 일도 없이 하루하루를 보내는 것이었다. 그렇게 한 달이 지났다. 낙주장사는 그가 무슨 꿍꿍이속인지 알 길은 없고, 시간만 속절없이 흐르자 속이 타들어 갔다. 근심이 태산처럼 높아져만 가는 가운데 한식날이 돌아왔다.

그러자 소무명이 움직이기 시작했다. 그는 이 사건을 맡은 관원들에게 모두 평복을 입고 두 조로 나누어 낙주의 동쪽과 북쪽에 있는 문 근처를 살피라고 지시했다. 그리고 상복 차림으로 성을 나가 북망산에 가서 조상하는 사람들이 있으면 자기에게 알리고 조용히 그들을 미행하라고 시켰다.

얼마 후, 사졸 한 명이 와서 소무명에게 상복을 입은 사람들 한 무리가 북망산 묘지로 가고 있다고 보고했다. 소무명이 그에게 물었다.

"그들이 묘지로 들어가서 어떻게 하던가?"

사졸이 자초지종을 이야기했다.

"그들이 묘지로 들어가 새로 생긴 어느 무덤 앞에서 제사를 지내는데, 울음소리가 전혀 구슬프지 않았습니다. 제사를 끝낸 후에는 종이돈을 태우고 무덤을 한 바퀴 돌아보더니 서로 눈짓을 하며 웃곤 했습니다."

그 말을 듣고 소무명은 무릎을 치면서 자리에서 일어났다.

"틀림없다!"

그는 즉시 관원들에게 새 무덤에서 제사를 지낸 사람들을 모조리 체포하라고 했다. 동시에 새 무덤을 파헤치고 관을 열어 살펴보았다. 그러자 관 속에 한 달 전 태평공주가 잃어버린 보물이 들어 있었다.

얼마 뒤 낙양성에는 소무명이 태평공주의 보물 도난사건을 일거에 해결했다는 소식으로 떠들썩했다. 이에 무측천은 소무명을 불러 어떻게 이 사건을 해결했는지 물었다. 소무명이 대답했다.

"소신은 이렇다 할 묘책이 없었습니다. 다만, 일전에 성 밖에서 그런 사람들을 가끔 만난 적이 있었는데, 다년간의 경험에 근거해 그들이 도적임을 단정하게 되었습니다. 그러나 그들이 관을 묻은 지점을 딱히 몰라서 그저 낚시를 드리우고 고기가 물릴 때를 기다렸을 뿐입니다. 저는 모두가 무덤에 성묘하는 한식날을 이용해 도적들이 훔친 물건들을 무덤에 파묻기도 하고, 묻어 놓은 물건을 파내어 가져가기도 한다는 사실을 알게 되었습니다. 그래서 소신은 저의 사졸들을 변장시켜 그들을 추적하게 하고 보물 감춘 곳을 알아내게 한 것입니다. 그들이 무덤 앞에서 거짓으로 울면서 무덤을 돌고 서로 눈짓을 하며 웃은 것은 바로 묻어 놓은 보물을 누가 아직 손대지 않은 것을 보고 기뻐한 것입니다."

소무명은 이어 겸손하게 아뢰었다.

"만약 폐하께서 이 사건을 9일 내로 해결하라 하셨으면 도적들이 다급한 나머지 '개도 급하면 담장을 뛰어넘는다'는 격으로 보물을 훔쳐 멀리 도망쳤거나, 보물을 훼손하고 몸을 숨길 수도 있었을 것입니다. 그러나 관청에서 급히 통첩을 내리지 않고 큰 것을 잡기 위해 일부러 풀어놓자, 도적들은 잠시 보물을 한곳에 두고 안심하고 있었던 것입니다. 바로 그럴 때 기회를 보아 사건을 해결했던 것이니, 이는 바로 주머니에서 보물을 집어내는 것처럼 수월한 일이었습니다."

소무명이 시간으로 자기가 예측한 바를 검증했던 것은 도적의 심리를 꿰뚫어 본 것으로 '낚시를 드리우고 고기를 낚는' 책략을 쓴 것이었다.

귀곡자는 말했다.

"옛날에 마摩: 자세히 탐구한다는 뜻으로, 한자의 본뜻은 '은밀하게 만져본다'임의 방법을 잘 쓰는 사람은 깊은 연못가에 앉아 낚싯대를 드리우듯이 미끼를 던지면 반드시 고기를 잡았다."

마磨의 방법을 잘 쓰는 사람이 그러하듯이, 그물을 완성했다면 '풀을 베어 뱀을 놀라게 하지 말고' 오직 고기가 그물 안에 들기를 참을성 있게 기다렸다가 일망타진하면 되는 것이다.

古之善摩者, 如操鉤而臨深淵, 餌而投之, 必得漁焉.
고 지 선 마 자  여 조 구 이 림 심 연  이 이 투 지  필 득 어 언

옛날에 마의 방법을 잘 쓰는 사람은, 깊은 연못가에 앉아 낚싯대를 드리우듯이 미끼를 던지면 반드시 고기를 낚았다.

– 귀곡자 〈마의摩意〉에서

# 떠도는 말에
# 허허실실 대응하라

만약 상대방이 고의적으로 악의를 품고 도전을 해 온다면, 우리는 눈에는 눈, 이에는 이, 폭력은 폭력으로 갚으려고 할 것이다.

영국의 전 수상 윌슨이 경선에서 연설을 할 때였다. 절반쯤 했을 때, 갑자기 누군가 고의적으로 소란을 피우면서 "개똥! 쓰레기!"하고 외쳤다. 그의 말인즉, 허튼소리 집어치우라는 것이었다. 그러나 윌슨은 그의 의도에 휘말리지 않고, 온화하게 미소 지으며 말했다.

"저, 선생님, 제가 곧 당신이 제출한 너절하고 지저분한 문제에 대해 말씀드리겠습니다."

윌슨의 말에 소란을 피운 남자는 갑자기 벙어리가 되었다. 이처럼 윌슨은 자기에게 악의적인 말을 던지는 사람에게 재치 있는 말로 대응했다. 실로 터무니없는 유언비어에 대처하는 하나의 모범이라고 해도 손색이 없었다.

익히 알다시피 많은 군중이 모인 장소에서 윌슨처럼 날카롭게 맞서는 수법은 상대방을 아연하게 만들어 반대로 대중의 이해와 지지를 얻게 해 준다. 만약 답변이 지나치게 신랄하면 한바탕 싸움을 유발할 가능성이 있고, 그렇게 되면 자신의 의를 상실하게 된다. 만약 연설 중에 강단 아래서 누군가가 다음과 같이 소리쳤다면 어떻게 할 것인가?

"당신이 말하는 우스갯소리는 받아들일 수 없어!"

이때 연설자가 그에게 아래처럼 신랄하고 매몰차게 맞받아친다면 어떻게 되겠는가.

"당신, 기린 아냐? 월요일에 발을 적셔 놓고 토요일에 가서야 발이 젖은 줄 아는 그 멍청한 기린 말이야!"

연설자는 속이 후련하고 통쾌할지 몰라도 그 대가로 대중을 잃게 될 것이다. 그러므로 사람은 반드시 자신을 억제하고 잘 단속할 줄 알아야 한다. 좀 급하다고 해서 예의를 저버리고, 분하다고 해서 이성을 잃고, 흥분된다고 해서 자기 모습을 잊게 된다면 자기 수양을 못 하게 된다.

귀곡자는 말했다.

"응대하는 사람은 말을 잘해야 하는데, 말을 잘한다는 것은 논리를 자유자재로 다룰 줄 아는 것이다. 의를 이룬다는 것은 이치를 밝히는 것으로, 이치를 밝힌다는 것은 경험에 부합되어야 하는 것이다."

즉, 상대방의 의문과 힐난하는 문제에 대해 답을 줄 때는 반드시 알아들을 수 있는 쉬운 말로 하며 간결하고도 명쾌한 언사로 자기의 주장을 말해야 한다. 그러므로 직장에서 떠도는 말에 허허실실의 기술로 맞선다면 자신을 보호할 수 있을 뿐 아니라, 직장 일을 매끄럽게 처리할 수 있게 될 것이다.

應對者, 利辭也, 利辭者, 輕論也. 成義者, 明之也, 明之者, 符驗也.
응 대 자  리 사 야  리 사 자  경 론 야  성 의 자  명 지 야  명 지 자  부 험 야

응대하는 사람은 말을 잘해야 하는데, 말을 잘한다는 것은 논리를 가볍게 여기는
것이다. 의를 이룬다는 것은 이치를 밝히는 것으로, 이치를 밝힌다는 것은 경험에
부합되어야 하는 것이다.

- 귀곡자〈양권量權〉에서

# 은밀한 모략의 승리

강희 58년1719년, 옹정雍正 황제가 황위에 오른 지 얼마 안 되었을 때였다. 각 성의 백성들은 돈줄이 끊어지고 양식이 턱없이 부족해 많은 빚을 지고 있었다. 이때 절강성 총독으로 있던 이위李衛가 관원들을 소집하고 대책을 상의했다. 그러나 별다른 방책이 나오지 않고 있었다. 그러자 이위가 말했다.

"흠차 대신청조 때 황제를 대변하던 고위 관원을 청하지 않으면 황제가 우리를 신임하지 않을 것이고, 그렇다고 흠차 대신이 오면 우리같이 권력이 없는 사람은 간섭하지 못하게 될 것이오. 그러면 빚진 사실이 발각될 수 있으니 우리가 먼저 조정에 올라가서 고합시다. '절강성의 돈과 양식에 대한 관리를 소홀히 한 지가 오래되었으니, 이번에 흠차 대신이 조사하는 기회에 잘 처리하도록 하겠습니다. 흠차 대신이 지방에 내려오는 것이 처음 있는 일이라 일시적으로 요령을 잡을 수 없기에 신臣이 지방관으로서 협조해 일을 처리하려 하오니 윤허해 주옵소서'라고 말이오."

며칠 뒤, 이위는 자신의 생일잔치를 연다는 거짓 통문을 돌려 절강성 72
개州縣의 관원들을 모두 초대했다. 잔치가 열리고 모두가 음식을 먹고 있을
때, 그는 모든 관원들을 밀실로 불러 모아 놓고 이렇게 말했다.

"조정에서 파견한 흠차 대신이 곧 와서 조사를 벌일 것이오. 여러분은 빚
진 것이 있으면 나에게 절대로 거짓말을 해서는 안 됩니다. 내가 여러분을
구해낼 수 있습니다. 만약 여러분이 내 말을 듣지 않는다면, 조사해 문제가
들어날 시 잡아 가둘 자는 가두고 죽일 자는 죽임을 당할 것입니다. 그때
내가 여러분에게 기회를 주지 않았다고 원망은 하지 마시오."

이위의 말을 들은 지방 관원들은 두려움에 떨며 이구동성으로 대답했다.

"총독님의 말씀을 듣겠습니다."

이위는 그들에게 내려가서 빚이 얼마나 되건 간에 사실 그대로 책에 적어
서 올려 보내야 한다고 타일렀다. 옹정 황제는 이위의 제안을 받아들이고
호부상서벼슬 이름 팽유신을 절강성에 파견해 조사하게 했다. 당시 팽유신은
강남 여러 성을 돌면서 이미 조사를 진행하던 중이었다. 그는 워낙 세심하
고 바르게 조사를 잘해서 누구도 간섭할 수 없었다. 그리하여 수많은 지방
관원들은 그에게 꼬리를 잡혔고, 그들을 조정에 보고해 죄행에 따라 처벌됐
다. 그러자 지방의 인심이 흉흉해지고 원성이 끊이지 않았다. 팽유신이 절
강에 오자 이위는 연회를 베풀어 그를 대접했다. 술이 몇 순배 돌자 이위가
한탄하며 말했다.

"일을 하는 데 있어 나는 지금까지 고집을 부리곤 했습니다. 나는 성질
이 급해 남들과 쟁론하기 좋아하여 황제로부터 여러 차례 비판을 받았습

니다. 이번에도 흠차와 함께 일을 할 때에도 제가 고집을 부리지 말아야 할 텐데 어떻게 하면 고집을 부리지 않을지 잘 모르겠습니다."

그러자 팽유신이 제안을 했다.

"그럼 이렇게 해봅시다. 우리가 나누어서 현으로 내려가 조사하는 게 어떻겠습니까?"

"좋습니다. 그럼 절강의 각 주현의 이름들을 적은 종이를 접시에 올려놓고 각각 절반씩 갖는 건 어떨까요?"

"그럽시다."

팽유신은 이위가 간계를 써서 종이에 적은 명단에 몰래 다른 표시를 해놓은 사실을 모르고 흔쾌히 수락했다. 그렇게 이위는 빚진 자들의 명단을 챙기고, 팽유신은 별문제가 없는 사람들의 명단을 갖게 되었던 것이다.

며칠 뒤 팽유신은 거짓 없이 바르게 조사에 임했다. 그러나 이미 이위가 몰래 손을 써 놓은 까닭에 아무 문제점이 발견되지 않았다. 조사를 진행할 때 빚이 있는 지역에서 가능한 한 문제가 드러나지 않도록 발 빠르게 일을 처리하도록 이위가 지시를 해 놓았기 때문이다.

조사를 마친 이위와 팽유신이 다시 자리를 같이하게 되었다.

"어떠했습니까? 각 고을에 빚이 있지는 않던가요?"

이위가 먼저 물었다. 그의 질문에 팽유신은 없었노라고 대답했다. 이위는 짐짓 기뻐하며 말했다.

"축하드립니다. 제가 조사한 지역에도 아무 문제가 없었습니다."

이리하여 두 사람은 기쁜 마음으로 조정에 올라가 절강에는 빚이 없다고 보고했다. 이에 옹정황제는 크게 기뻐하며 이위를 치하했다.

"남들은 모두 조사하는 과정에서 시끄러운 일들이 많았다는데, 유독 이위가 조사한 고을에서는 아무 일이 없었다니 보건대 이위는 확실히 수완이 있도다."

황제는 이위에게 태자태보의 벼슬을 주고 큰 상을 내렸다. 뿐만 아니라 절강성의 각급 관원들도 각각 한 직급씩 직위를 올려주었다. 이위의 수하 관원들은 감탄을 금치 못했다.

귀곡자는 말했다.

"상대방이 좋아하는 것이 있으면 그것을 배워서 따라주고, 상대방이 싫어하는 것이 있으면 그것을 피해 말하지 말아야 한다. 그래서 은밀하게 모략을 구사해 드러내놓고 그것승리을 취하는 것이다."

이 말은 바로 남이 모르는 수단을 써서 공개적으로 이익을 얻는다는 뜻인데, 이위가 흠차 대신의 콧대를 움켜쥐고 써먹은 모략이 바로 이것이었다.

人之有好也, 學而順之, 人之有惡也, 避而諱之. 故陰道而陽取之也.
인 지 유 호 야　학 이 순 지　인 지 유 악 야　피 이 휘 지　고 음 도 이 양 취 지 야

상대방이 좋아하는 것이 있으면 그것을 배워서 따라주고, 상대방이 싫어하는 것이 있으면 그것을 피해 말하지 말아야 한다. 그래서 은밀하게 모략을 구사해 드러버놓고 그것승리을 취하는 것이다.

– 귀곡자〈모려謀慮〉에서

# 계획은 주도면밀하게, 생각은 원대하게

승부를 겨루는 바둑판에서는 반드시 전체를 조망하는 너른 시각으로 판국을 분석하며 돌 하나하나를 신중하게 두어야 한다. 그러면 그리 어렵지 않게 자기의 전략적인 목표를 실현할 수 있다. 인생도 마찬가지다.

소대蘇代는 전국시대 소진의 족형제였다. 그는 종횡가縱橫家로서 다른 형제와는 비교가 안 되는 인물이었지만, 그래도 남다른 성취가 있었다. 당시 초나라는 한韓나라와 전쟁 중이었다. 한나라가 동주국에게 군사들과 식량을 지원해 줄 것을 요청하자 주왕周王은 대신인 소대를 불러 대책을 논의했다.

소대가 말했다.

"폐하께서는 무엇 때문에 이 일로 고심하십니까? 우리는 한나라에게 식량을 지원하지 않고도 한나라의 고도高都: 성 이름, 당시 군사 요충지를 얻을 수 있습니다."

이에 주왕이 기뻐하며 말했다.

"그게 가능하다면 앞으로 짐은 전적으로 경의 판단에 따르겠소."

소대는 즉시 한나라의 제상인 공중치公仲侈를 찾아가 담판을 짓기로 했다.

"그대는 초나라의 계책을 모르시오? 초나라 장령이 당초에 초왕에게 '한나라 병사들이 오랜 기간 전란에 시달려 온 데다가 식량 창고는 텅 비어 있어 성지城地를 지켜낼 여력이 없으니 이참에 한나라를 공격해, 한 달 내에 성지를 점령하겠다고 호언장담을 했다고 합니다. 그런데 장령이 옹 씨를 포위한 지 다섯 달이 되었는데도 군대와 대치 중에 있습니다. 이는 초나라의 전력이 별 볼 일 없다는 것을 보여주는 것입니다. 초왕도 이미 전쟁을 계속 끌고 나가는 걸 포기한 눈치입니다. 이런 상황에서 만약 당신이 주나라로부터 군사와 식량을 지원받는다면, 그것은 한나라가 지쳐서 무력해졌음을 알리는 격이 되고 말 것입니다. 만약 이 사실을 초나라 장령이 알게 된다면, 그는 반드시 초왕에게 군대를 증원해 달라고 해서 옹 씨를 포위하자고 할 것입니다. 그렇게 되면 옹 씨는 필연적으로 함정에 빠지고 말 것입니다."

소대의 말에 공중치는 묵묵부답이었다. 그런 그에게 소대가 황당무계한 말을 던졌다.

"내가 이 전쟁을 끝내게 해 드릴 테니 고도를 주나라에 주시오."

그 말에 공중치가 버럭 성을 내며 따졌다.

"나는 주나라에 군대와 식량 지원 요청한 것만 철회하면 되는데, 무엇 때문에 고도를 주나라에 주란 말이오?"

소대가 침착하게 설명했다.

"만약 한나라가 주나라에 고도를 준다면 두 나라는 다시 관계가 좋아지게 될 것이오. 그리고 이 사실을 진나라가 알게 된다면, 진나라는 분명 크게 노해 주나라와 외교를 단절하겠지요. 그러면 주나라는 다른 나라들과의 연맹도 단절하고 오직 한나라와만 밀월관계를 유지할 것입니다. 그렇게 되면 그대는 고도 하나를 가지고 주나라를 통째로 바꾸어 갖게 되는 격이 되는데 어찌 이것을 거절하신단 말이오?”

소대의 말을 들은 공중치는 일리 있는 말이라고 생각해서 그 제안을 그대로 받아들였다. 그리고 얼마 뒤 초나라 군사는 소대의 말처럼 옹 씨에 대한 공격을 멈추고 마지못해 떠나갔다.

귀곡자는 말했다.

“성인은 다섯 가지 방법으로 일을 이룬다. 그것은 드러나게 덕을 입히는 방법陽德, 몰래 해치는 방법陰賊, 믿음으로 성심을 다하는 방법信誠, 감춰 숨기는 방법蔽匿, 평소처럼 행하는 방법平素이다. 이것은 일관된 언어로 드러내놓고 힘쓰는 방법과 다른 두 언어로 은밀하게 힘쓰는 방법으로 나누어 평소 또는 중요한 시기에 맞춰 사용하되, 이 네 가지는 미묘하게 시행해야 한다.”

여기에서 귀곡자가 말한 다섯 가지 ‘양덕, 음적, 신성, 폐닉, 평소’는 매우 중요한 전략이다. 어떤 방책을 결정할 때는 전략적인 안목을 가지고 문제를 보아야 정확한 결정을 내릴 수 있기 때문이다.

聖人所以能成其事者, 有五. 有以陽德之者, 有以陰賊之者, 有以信誠之
성 인 소 이 능 성 기 사 자　유 오　유 이 양 덕 지 자　유 이 음 적 지 자　유 이 신 성 지
者, 有以蔽匿之者, 有以平素之者. 陽勵於一言, 陰勵於二言, 平素樞機以
자　유 이 폐 닉 지 자　유 이 평 소 지 자　양 려 어 일 언　음 려 어 이 언　평 소 추 기 이

用. 四者, 微而施之.
용 사 자 미 이 시 지

성인은 다섯 가지 방법으로 일을 이룬다. 그것은 드러나게 덕을 입히는 방법陽德,

몰래 해치는 방법陰賊, 믿음으로 성심을 다하는 방법信誠, 감춰 숨기는 방법蔽匿,

평소처럼 행하는 방법平素이다. 이것은 일관된 언어로 드러내놓고 힘쓰는 방법과

다른 두 언어로 은밀하게 힘쓰는 방법으로 나누어 평소 또는 중요한 시기에 맞춰

사용하되, 이 네 가지는 미묘하게 시행해야 한다.

– 귀곡자〈결물決物〉에서

# 많은 사람의 의견을 수렴하라

봉건시대에는 인재를 등용할 때 "비천한 집안에는 상등품이 없고, 사족 사대부 집안에는 하품이 없다"는 말을 많이 썼다. 이와 같이 출신과 가문을 따지는 것이 봉건사회에서는 이상한 일이 아니었다. 그러나 인재를 등용함에 있어서 이런 방법은 엄중한 폐단이므로 지혜롭고 총명한 지도자는 그러한 격식에 구애받지 않았다.

정관 3년629년, 당 태종이세민은 공신들에게 관직을 봉하고 작위를 줄 때 사전에 적어 놓은 명단을 남들에게 읽게 하고 거기에 이견이 있는 사람은 마음 놓고 이야기하라고 말했다. 그중 당 태종의 삼촌 이신통은 당 왕조를 위해 중요한 전투에 수없이 여러 번 참전했고, 큰 공을 세웠다. 또한 황제의 삼촌으로서 여러 대신들 중에서 자신의 공로가 제일 크다고 생각하고 있었다. 그런데 자기 이름이 명단 맨 끝에 있는 것을 보고 불복해 당 태종에게 진언했다.

"지금까지 소신은 폐하의 호소를 받들어 군대를 일으키고 폐하를 따라 동분서주하면서 폐하께서 보위에 오르시는 데 큰 공을 세웠습니다. 그런데 어찌하여 오늘 소신의 공을 전부 잊으신 듯이 방현령, 두여회의 뒤에 놓으셨습니까? 소신과 비교해서 그들이 무슨 공로가 있다고 할 수 있습니까? 그들은 붓끝을 놀려 법을 우롱하고 아무렇게 쓰고 마음대로 그린 것에 지나지 않았잖습니까?"

당 태종은 웃으며 말했다.

"숙부님, 잊으셨습니까? 숙부님께서 비록 맨 처음 군대를 일으켜 저를 돕기는 하셨지만, 후에 와서는 두 번이나 크게 패하지 않으셨습니까? 방현령, 두여회는 계책을 내놓고 방책을 결정하며 저를 도와 천하를 얻게 했습니다. 그러니 공로로 말하자면 응당 숙부님 앞에 놓아야지요. 아무리 제 친숙부시라지만 사사로이 분에 넘치는 상을 내린다면 대신들이 뭐라 하겠습니까? 그것을 공평한 처사라 하겠습니까?"

황제의 말에 이신통은 아무 말도 하지 못했다. 잠시 후 방현령이 말했다.

"옛날 진 왕조의 대신들은 모두 황제의 집안사람들이었는데, 벼슬을 승급하지 못한 사람들의 원성이 전혀 없었다고는 말할 수 없을 것입니다."

이에 당 태종이 대답했다.

"나라에 관직을 두는 것은 재능이 있는 인재를 선발하기 위함이요, 그들로 하여금 백성들을 대신해 일을 하게 함인 것이다. 그러므로 관직에 오래 있던 사람이라고 해서 앞자리에 놓고 신인이라고 해서 뒤에 놓는 것은 절대 있을 수 없는 일이다. 새로운 사람이라도 재능이 있으면 관직에 앉히는 것이고, 이전 사람이라도 재능이 없으면 당연히 선발될 수 없는 것 아니겠는

가. 그렇게 하지 않으면 나랏일을 어찌 바로 처리할 수 있겠는가?"

당 태종은 조정의 재상으로 장손무기를 임명했다. 장손무기는 장손 황후의 오빠로서 당 태종과는 젊은 시절에 좋은 친구였으며, 재능이 있고 공을 크게 세운 인물이었다. 이 사실을 안 장손 황후는 남들의 험담이 무서워 당 태종에게 그런 높은 관직을 주지 말 것을 부탁했다. 그러나 당 태종은 황후의 청을 거절하며 이렇게 말했다.

"그렇게 생각하면 잘못이오. 내가 황후의 오라비를 임용한 것은 그가 그만한 자리에 앉을 만한 재능이 있기 때문이지, 내 인척이라서 그런 것이 아니오."

귀곡자는 말했다.

"(군주의) 듣는 방법에서 이르기를, 자기 의견만 고집하면서 신하의 의견을 거절해서는 안 된다."

즉 광범위하게 다른 사람들의 의견을 수렴하고 어떠한 의견도 거절해서는 안 된다는 것이다. 당 태종의 인재 등용술에 대해 많은 역사가들은 칭찬을 아끼지 않았다. 그의 인재 등용술에 의해 방현령·두여회·위정·장손무기 등과 같은 당조 청사에 빛나는 인물들이 많이 배출되었다.

德(聽)之術曰, 勿堅而拒之.
덕 청 지 술 왈  물 견 이 거 지

(군주의) 듣는 방법에서 이르기를, 자기 의견만 고집하면서 신하의 의견을 거절해서는 안 된다.

- 귀곡자 《부언符言》에서

# 사물을 각 방면으로 살펴라

사각형 속에 원이 있고, 원 속에 사각형이 있는 것은 남을 위한 인과율因果律이기도 하고 자연의 법칙이기도 하다. 사각형은 더없이 넓고 깊은 땅을 상징하고, 원은 쉴 새 없이 운행해 순환하는 천체를 상징한다.

장지동張之洞은 소년 시절부터 매우 총명했는데, 체격은 매우 작았다. 성인이 된 그는 여러 성省의 총독을 역임했다. 특히 청조淸朝 후기에 비바람처럼 흔들리는 정국에서 '국학을 기본으로 하고 서방학을 활용해야 한다'는 주장을 펼쳤다. 또한 실업實業을 주창해 총과 대포를 제조하고 군사훈련을 강화함으로써 청 왕조의 발전을 위해 심혈을 기울였다. 그는 성격이 강직하고 기개가 굳세어 모든 일을 원만하게 처리하곤 했다.

장지동이 산서성山西省의 순무巡撫: 명·청 시기에 지방을 순시하며 군정(軍政)과

민정(民政)을 감찰하던 대신으로 있을 때였다. 당시 산서의 표호票號: 옛날 금융기관의 공주인貢主人이 그에게 만 냥이나 되는 은전을 주었지만, 그는 끝까지 거절했다. 또한 그가 순무로 일하는 임기 동안 산서성에서 행해지고 있는 양귀비 재배와 양귀비 독의 폐해를 발견하고 양귀비를 박멸한 후 백성들에게 농작물을 심게 했다. 하지만 해마다 산서성에 가뭄이 들어 농작물을 재배하는 데 적지 않은 비용이 들어갔다. 그때 장지동은 은행 주인인 공 씨를 떠올렸다. 만약 공 씨가 은전을 기부한다면 백성들을 위해 좋은 일을 한 것으로 추대해서 명예로운 이름을 남기게 될 것이다. 이에 장지동은 공 씨를 만나 의논했다. 그러자 공 씨는 은전 5만 냥을 내놓겠다고 하면서 두 가지 조건을 제시했다. 하나는 장지동이 그를 위해 '천하 제1 성신표호'라는 액자를 써 줄 것, 다른 하나는 자기에게 감찰관 외직을 달라는 것이었다.

공 씨의 조건에 장지동은 답을 하지 않았다. 그것은 공 씨의 표호에 대해 아는 바가 없었고, 기부금으로 관직을 사는 것은 옳은 일이 아니었기 때문이다. 하지만 공 씨가 요구하는 조건을 들어주지 않을 수는 없었다. 그가 아니면 어디에서 5만 냥이라는 거금을 구한단 말인가? 장지동은 거듭 생각한 끝에 절충안을 생각해 냈다.

우선 공 씨에게 '천하 제1 성신'이라는 액자를 써 주겠다고 했다. 천하의 첫 번째 미덕은 '성신誠信'이지만, '성신한' 표호라고 해서 천하의 제1표호는 아니기 때문에 '표호' 두 글자를 빼버린 것이다. 두 번째 관직도 그가 원하는 대로 해주기로 했다. 당시 관직을 돈으로 사는 풍조는 오래전부터 있어 온 일이었고, 조정에 금전 4만 냥을 기부하면 후보관직을 살 수 있다는 규정이 있었다. 더욱이 그가 요구하는 후보 관직은 실속 없이 이름뿐인 자리여서 원하는 대로 후보관찰 관직을 주기로 한 것이다. 이렇게 하여 장지동은 5만 냥의 돈을 모을 수 있었고, 산서 백성들을 위하여 양귀비 대신 새로운 농작물을 심도록 했다.

귀곡자는 말했다.

"상대방의 의지를 보아 수를 계산하고, 상대방의 말을 자세히 살펴 일을 도모한다면 일을 완벽하게 할 수 있다."

즉 사물의 각 방면으로 주도면밀하게 생각하고 득실을 따져 보는 동시에 이미 장악한 정보에 근거하여 새로운 방식과 방법으로 해결해 나간다면 최종적으로 원만한 결과를 가져오게 된다.


故觀其志意爲度數, 乃以揣說圖事, 盡圓方, 齊長短.
고 관 기 지 의 위 도 수  내 이 췌 설 도 사  진 원 방  제 장 단

그러므로 상대방의 의지를 보아 수를 계산하고, 상대방의 말을 자세히 살펴 일을 도모한다면 일을 완벽하게 할 수 있다.

- 귀곡자 〈본경음부칠술·산세本經陰符七術·散勢〉에서

# 변화에 따라 규율을 유지하라

귀곡자는 이렇게 말했다.

"규율을 유지한다는 것은 봄에 파종하고 여름에 성장하며 가을에 수확하고 겨울에 저장하는 것이다. 이것은 천지 운행의 기본 원칙이므로 이것을 범하거나 위반해서는 안 된다. 이것을 위반하면 비록 잠시는 성공할지라도 결국에는 실패한다."

즉, 자연의 순리를 알고 반드시 그에 따라야 한다는 것이다. 이것은 자연계가 운행하는 정상적인 법칙이며, 이것을 바꾸려고 하거나 거스르려고 해서는 절대 안 된다는 의미다. 인간이 올바르게 처세하려면 반드시 세상이 발전하고 변화하는 데 순응하고 그에 따라 행동할 줄 알아야 한다. 그것은 우선적으로 자기의 이익을 보호해야 하는 것에 있다. 특히 위험에 직면했을 때 형세를 더욱 똑똑히 읽어낼 줄 알아야 거기에 순응하여 자신을 보호할 수 있기 때문이다.

　명나라 시대의 이름난 관리였던 장거정張居正은 침착하게 여러 사람들과 인연을 맺고 노력해서 재상의 자리에 오른 인물이었다. 고공高拱이 재상에 오르기 전, 장거정은 그의 됨됨이를 알고 힘써 그와 교제하고 존경하며 그의 재능을 칭찬했다. 고공이 재상이 된 후에도 장거정은 늘 그를 흠모하며 따랐다. 하지만 고공은 내궁 태감으로서 교활하고 간사하며 오만불손했고 많은 사람들이 그를 떠나갔다. 그렇지만 장거정만은 변함없이 겸손한 태도로 그의 곁을 지켰다.

　관직 승급을 원래 순서대로라면 풍보라는 인물이 사례태감에 올라야 할 차례였다. 그런데 고공이 그 자리에 다른 사람을 추천하고 그를 낙선시켰다. 그 일로 풍보는 고공에 대해 원한을 품고 있었다.

　얼마 후 목종穆宗이 세상을 떠났다. 황제는 고공을 대신으로 임명한다는 내용을 유서에 남겼다. 그런데 풍보가 이 유서를 고쳐 고공·장거정·풍보 등이 대신으로서 새 군주를 보좌하도록 했다. 이 사실을 알게 돈 고공은 풍보와 장기적으로 함께 일할 수 없음을 알고 곧 조서를 올려 극단적이고 음흉한 풍보를 조정에서 쫓아내기로 했다.

　고공은 조사한 모든 정황을 들고 장거정을 찾아가 자기 뜻을 전했다. 그리고 남모르게 자신을 지지해 줄 것을 요청했다. 하지만 장거정은 그의 기대를 저버리고 이 사실을 모두 풍보에게 폭로해 버렸다. 풍보는 곧장 황태후를 찾아가 눈물을 흘리며 고공이 대권을 휘두른 죄행을 열거했고, 황태후는 즉시 고공을 추방하도록 명했다.

이튿날, 조정에서는 군신들을 소집하고 조서를 낭독했다. 고공은 자기의 모략이 성공한 것으로 알고 있다가 조서 내용을 듣고 혼비백산했다. 조서에는 자기의 죄행이 줄줄이 열거되어 있을 뿐만 아니라 관직 일체를 박탈한다는 청천벽력 같은 조항이 담겨 있었기 때문이다. 고공은 너무 놀란 나머지 바닥에 쓰러져 일어서질 못했다. 그때 장거정이 재빨리 그를 부축하여 당나귀 마차에 태워 집으로 보냈다.

풍보는 죄를 더 덮어씌워 고공을 죽이려고 했지만, 장거정이 중간에서 교묘하게 중개하여 그것을 막아냈다. 훗날 고공이 죽은 뒤 장거정은 조정에 그의 관직과 명예를 회복시켜 줄 것을 상소했다. 다음으로 즉위한 신종神宗은 고공의 안건에 대해 다시 검토하여 태사두 관직을 주고 또 문양文襄이란 칭호를 추가해 주었다. 이와 같이 장거정은 조정의 암투가 치열한 와중에서도 정세 발전에 순응하고 궁전 내외, 선대·후대를 막론하고 언제나 일을 솜씨 있게 처리하여 온정당당하게 관직에 승급했다.

고공과 같은 옛사람들도 정세의 변화를 잘 알거늘 하물며 시대 변화가 무쌍한 현대 사회에 와서는 더 말할 나위가 없다. 출세를 하고자 할 때도 전통적인 진부한 방법을 고집하게 되면 시대 발전의 속도를 따라갈 수 없을 뿐 아니라, 형세를 똑똑히 읽어낼 수가 없다. 그러면 시기적절하게 행동을 취할 수 없기에 시대의 낙오자가 되고 만다.

持樞, 謂春生, 夏長, 秋收, 冬臧, 天之正也, 不可干而逆之, 逆之者, 雖成必敗.
지추 위춘생 하장 추수 동장 천지정야 물가간이역지 역지자 수성필패

규율을 유지한다는 것은 봄에 파종하고 여름에 성장하며 가을에 수확하고 겨울

에 저장하는 것이다. 이것은 천지 운행의 기본 원칙이므로 이것을 범하거나 위반

해서는 안 된다. 이것을 위반하면 비록 잠시는 흥성할지라도 결국에는 실패한다.

- 귀곡자 〈지추持樞〉에서

# 배후의 '참새'를 조심해야 한다

춘추전국시대에 오나라와 월나라의 싸움에서 월나라의 왕 구천勾踐이 패하여 포로 신세가 되었다. 그런데 오나라의 왕 부차夫差는 현묘한 이치가 없고 지력이 평범하고 속된 인물인지라, 모략가 오자서伍子胥의 충고를 무시하고 오히려 아첨하는 말과 뇌물에 현혹되어 적국의 왕인 구천을 석방하여 귀국시켰다. 구천은 귀국하자마자 자기 나라에서 미모가 가장 빼어난 서시西施라는 여인을 부차에게 바쳤다. 부차는 서시를 맞아들인 후 매일 주색에 빠져 지냈다.

서시는 지병으로 심장병을 앓아서 가슴이 아플 때마다 두 손으로 가슴을 문지르며 얼굴을 찌푸리곤 했는데, 부차는 그런 모습을 넋을 잃고 바라보곤 했다. 정사는 도외시한 채, 무력으로 제나라를 공격하려 했다. 이에 오자서가 충언을 올렸는데 그 말을 듣기는커녕 오히려 그를 질책하여 스스로 목숨을 끊게 만들었다. 이런 부차의 행태를 보고 깊이 우려하던 태자 우는 부왕의 마음을 돌려세우고 각성시키고자 한 계책을 세웠다.

어느 날, 태자 우는 활을 들고 온몸이 흠뻑 젖은 채 뛰어와 매우 난감해 하며 부차를 알현했다. 부차가 몹시 놀라 사정을 물었다.

"이른 새벽에 후원에 가서 가을 매미의 우는 소리를 듣게 되었습니다. 매미가 한바탕 신이 나서 울고 있는데, 가까운 곳에서 버마재비 한 마리가 매미를 덮치려고 기회를 엿보고 있었습니다. 그리고 그 옆에는 참새 한 마리가 버마재비에게 눈독을 잔뜩 들이고 바로 낚아챌 기세로 앉아 있었고요. 그때 그 옆에서 활을 당겨 참새를 조준하는 순간 제가 그만 발을 헛디뎌 물웅덩이에 빠져 이 꼴이 되고 말았습니다."

이야기를 들은 부차는 태자 우를 꾸짖었다.

"듣자하니 너는 눈앞의 이익에만 욕심을 내어 후의 일을 고려하지 않았구나. 제일 미련한 것이 그렇게 눈앞만 보고 뒤를 살피지 않는 것이다."

그러자 태자 우가 맞받아 대답했다.

"천하에 이보다 더 미련한 일이 또 있을까요? 처음에 제나라는 아무 이유 없이 노나라를 공격하면서 병력을 총동원하면 틀림없이 노나라를 정복할 수 있을 것이라고 했지요. 우리 오나라도 바로 병력을 동원하여 제나라를 치면 금방 제나라를 먹어치울 것 같았습니다. 그런데 지금 월나라는 군대를 정비하고 죽음을 두려워하지 않는 용사들을 선발하여 오직 우리나라를 궤멸시켜 지난번의 치욕을 씻을 일념으로 북상하고 있습니다."

태자 우의 말을 듣고 있던 부차가 크게 노하여 소리쳤다.

"이게 다 오자서의 모략이다. 이런 방법으로 나의 계획을 막으려 하다니 어림없다. 오자서는 이미 죽었다. 네가 또 그놈처럼 나에게 잔소리를 한다면 없애버리고 말 테다!"

태자 우는 더 이상 아무 말도 못 하고 그 자리를 물러났다.


몇 년 후, 오왕 부차는 대부대를 이끌고 북으로 원정을 떠났다. 20여 일
이 지나도록 쉬지도 않고 강행군을 한 탓에 모두 지칠 대로 지쳐서 더는 맞
서 싸울 힘이 없었다. 월왕 구천은 이때가 절호의 기회라 여기고 오나라를
향해 기습공격을 감행했다. 그제야 부차는 전세가 불리함을 알고 급히 퇴
각하여 오나라로 돌아가 원군을 불렀다. 그러나 결국 월나라에 포위되어
공격 한 번 못 해 보고 패하고 말았다. 진퇴양난의 수렁에 빠진 부차는 결
국 스스로 목숨을 끊었다.

오나라가 월나라에 멸망당한 것은, 참새가 뒤에서 노리고 있는 줄도 모
르고 매미 잡는 일에만 몰두하다가 결국 참새에게 잡아먹히고만 버마재미
에 비유할 수 있다.

귀곡자는 말했다.

"틈을 다투는 것은 강한 자와 싸우는 것처럼 어렵다고 하는데, 강자들
사이에 틈이 생겨 싸움이 일어나면 승리한 자는 공을 높이고 그 세력을 넓
히지만, 약자는 자기의 패배를 애통해하며 자기의 낮아짐을 상심하고 명성
을 더럽히므로 조상을 욕되게 한다. 그러므로 승자는 그 공과 세를 다투면
서 일약 전진만을 알고, 약자는 그 패배의 아픔을 듣게 된다."

따라서 어떠한 경쟁에서든지 실제적인 경쟁의 복잡성을 분석하고 세상사
를 두루 보고 듣는 자세가 필요하다. 상대방이 계략을 꾸밀 때 자기 배후
에 무엇이 있는지 파악하며, 어떤 자극에 즉각 반응하지 않고 조용히 억제
할 줄 알아야 불패의 자리에 설 수 있다.

鬪郄者, 鬪強也. 強鬪旣郄, 稱勝者高其功, 盛其勢也, 弱者哀其負, 傷其
투극자　투강야　강투기극　칭승자고기공　성기세야　약자애기부　상기

卑, 汚其名恥其宗. 故勝者聞鬪其功勢, 苟進而不知退, 弱者聞哀其負.
비　오기명치기종　고승자문투기공세　구진이불지퇴　약자문애기부

틈을 다투는 것은 강한 자와 싸우는 것처럼 어렵다고 하는데, 강자들 사이에 틈
이 생겨 싸움이 일어나면 승리한 자는 공을 높이고 그 세력을 넓히지만, 약자는
자기의 패배를 애통해하며 자기의 낮아짐을 상심하고 명성을 더럽히므로 조상을
욕되게 한다. 그러므로 승자는 그 공과 세를 다투면서 일약 전진만을 알고, 약자
는 그 패배의 아픔을 듣게 된다.

- 귀곡자 〈중경中經〉에서

# 제2장

# 현명한 조직관리

관리란 실천이다. 사람, 사물, 사건 등 세 가지 관계를 원만하게 조절하는 것이다. 세상 만물 가운데 가장 다루기 어려운 것은 사람이다. 사람은 자신의 생각을 갖고 원하는 대로 행동한다. 사람의 행동은 좀처럼 변하지 않는다. 원하지 않은 상태에서 행동을 변화시키기란 더더욱 어렵다. 또한 사람을 다루는 데는 정해진 법이 없다. 다만 '정(情)' 으로 마음을 움직일 뿐이다.

# 뱀을 잡을 때는
## 요해처(要害處)를 쳐라

한漢나라에 주박朱博이라는 사람이 있었다. 그는 가난한 집안에서 태어났으나, 성품이 매우 강직하고 친구를 폭넓게 사귀어 청년 시절에 이미 한 현의 정장亭長: 벼슬 이름이 되었고, 이후 자사刺史, 태수太守 등으로 진급을 거듭했다. 그는 어떤 일이든지 유능하고 노련하며 결단력 있게 처리하여 수하에 있는 사람은 물론 백성들로부터 사랑과 존경을 받았다.

그가 한 지방관으로 일할 때였다. 장릉이라는 곳에 상방금이라는 자가 있었는데, 젊어서 싸움질을 자주 하고 남의 집 여자를 수차례 겁탈했다. 관직을 박탈하고 법으로 처벌해야 마땅한 악인이었으나, 그 지역 최고의 세력가 집안 아들이었던지라 관청에 많은 뇌물을 먹이고 오히려 수위守尉: 벼슬 이름까지 승진했다.

주박이 지방관으로 부임하자, 어떤 사람이 이 일을 관청에 고발했다. 주박은 어떻게 이런 일이 있을 수 있는가 한탄하며 이유를 만들어 상방금을 불렀다. 상방금은 신임 지방관이 자기를 부른 것에 대해 걷잡을 수 없이 가슴이 뛰었으나 울며 겨자 먹기로 그를 만나러 갔다. 주박은 좌우 수하를 물러나게 하고 자리에서 일어나 상방금을 자세히 훑어보고는 조용히 물었다.

"당신 얼굴의 상처 자국은 어찌 된 것입니까?"

그 상처는 전에 다른 사람과 싸우다가 생긴 것이었다. 도둑이 제 발 저리다고 상방금은 속으로 주박이 이미 자기에 대해 모든 것을 알고 있는 것으로 믿고 이제 꼼짝없이 죽게 되었다고 생각했다. 그는 고양이 앞의 쥐 마냥 무릎을 꿇고 앉아 연방 머리를 조아리며 사시나무 떨듯 우는 소리로 말했다.

"소인은 죄인입니다. 소인은 죄인입니다."

주박이 말했다.

"스스로 죄인이라고 말했으니 조금도 속이지 말고 한번 말해 보시오."

상방금은 머리를 감히 들지 못한 채 지난날 자신이 저질렀던 죄행을 낱낱이 실토했다. 그러고 나서 손이 발이 되도록 빌었다.

"나리, 저의 죄를 용서해 주십시오. 소인은 앞으로 천하가 용서 못할 그런 나쁜 짓은 절대 하지 않겠습니다."

그때 주박이 갑자기 웃음을 터뜨렸다.

"하하하…, 남아 대장부가 자기가 저지른 일을 그대로 회피하는 것은 있을 수 없는 일이지요. 본관이 당신에게 치욕을 씻을 기회를 줄 테니 그렇게 할 수 있겠소?"

얼마 후 주박은 전에 상방금으로부터 뇌물을 받은 공조功曹:벼슬 이름를 불렀다. 주박은 그를 엄하게 질책하고 나서 종이와 붓을 주며 그동안 받은 뇌물의 액수와 준 사람의 이름을 숨김없이 적을 것을 명했다. 공조는 너무 놀라 부들부들 떨면서 자기의 죄행을 샅샅이 적었다.

주박은 이미 상방금으로부터 공조가 탐욕스럽게 거둬들인 뇌물의 실태를 소상히 알고 있던 터라 그가 적은 내용이 사실과 별반 차이가 없음을 알았다. 주박은 공조가 써 올린 종이를 찢어 내던지고는 엄중히 타일렀다.

"당신은 돌아가서 우선 잘 반성해 보시오. 판결은 후에 할 터이니 앞으로 모든 죄행을 고쳐 새사람으로 거듭나도록 하시오."

이런 일이 있은 후, 공조는 전전긍긍하면서 추호의 게으름도 없이 모든 일에 책임을 지고 거짓 없이 성실히 임했다.


귀곡자는 말했다.

"벽합의 도는 음양으로 시험하는데, 양으로 말할 때는 숭고함에 의존하고 음으로 말할 때는 작고 비천함에 의존함으로, 아랫사람은 작은 것을 구하고 높은 사람은 큰 것을 구하는 것이다."

주박은 바로 '벽합捭闔: '捭'은 뽑아서 움직인다는 뜻이고, '闔'은 닫아 보관한다는 뜻' 의 도를 활용하여 상대방에게 살아갈 여지를 남겨 주고 자신이 필요한 목적을 달성할 수 있었다. 자기의 만족을 위해 상대방과의 화기和氣를 손상시키는 우를 범하지 않고, 일을 여유 있고 능란하게 처리한 것이다.


捭闔之道, 以陰陽試之,
벽 합 지 도  이 음 양 시 지

故與陽言者依崇高, 與陰言者依卑小, 以下求小, 以高求大.
고 여 양 언 자 의 숭 고  여 음 언 자 의 비 소  이 하 구 소  이 고 구 대

벽합의 도는 음양으로 시험하는데, 양으로 말할 때는 숭고함에 의존하고 음으로 말할 때는 작고 비천함에 의존하므로, 아랫사람은 작은 것을 구하고 높은 사람은 큰 것을 구하는 것이다.

- 귀곡자 〈벽합捭闔〉에서

# 상대의 계략을
# 역이용하는 방법

한漢나라 혜제惠帝 6년BC 185년, 재상 조참이 죽자 진평이 좌승상이 되고, 왕릉이 우승상이 되었다. 왕릉과 진평이 함께 승상을 지낸 지 2년이 되던 해, 한혜제가 죽고 태자 유공이 즉위했다. 소제 유공은 아직 어려서 여태후呂太后가 정사를 도맡아 처리했다.

여태후는 자기의 통치를 공고히 하고자 외조카를 제후 왕으로 봉하려고 우승상 왕릉에게 의견을 물었다. 왕릉은 성품이 바르고 곧아 자신의 생각을 있는 그대로 고했다.

"고제유방 생전에 대신들이 함께 백마를 잡고, 유 씨가 아닌 사람이 왕이 되면 천하가 함께 격파하기로 맹약했는데, 지금 여 씨가 왕이 된다면 고제의 맹약을 위배하는 것이 됩니다."

여태후는 왕릉의 말을 듣고 매우 불쾌하여 좌승상 진평에게 물었다. 진평은 견해를 말했다.

"고제께서 천하를 평정하고 유 씨 자제들을 왕으로 봉했거늘, 지금은 태후께서 국정을 맡아 보시는데 여 씨 자제들을 왕으로 봉하지 못할 게 없지요."

여태후는 진평의 말을 듣고 고개를 끄덕이며 매우 기뻐했다. 여태후는 즉시 왕릉을 파면시키고 진평을 우승상으로 진급시켰다. 그리고 자신의 측근인 신식기를 좌승상에 임명했다.

여태후는 교활하고 음험하며 의심이 많은 인물이었다. 진평은 그런 여태후가 자신을 지나치게 과시하고 뽐내게 되면 오히려 예상치 못한 재앙이 닥칠 수 있다고 판단했다. 그리하여 진평은 재능을 감추고 때를 기다려 여태후가 자신에 대해 경계심을 가지지 않게 함으로써 위기를 잘 넘길 수 있었다. 여태후의 여동생 여수는 진평을 몹시 미워했다. 그것은 진평이 유방과 함께 계책을 꾸며 자신의 남편인 번회를 사로잡은 일이 있었기 때문이었다. 그래서 여수는 여러 차례 여태후에게 간했다.

"진평이 승상이 되는 것은 정사에 맞지 않습니다. 늘 술을 마시고 여자들과 즐기기만 합니다."

여태후는 진평에 관한 이야기를 듣고 은근히 안심이 되었다. 잘못이라야 고작 향락을 좇아 주색에 빠진 데 불과하지 않은가. 여태후는 여수가 있는 자리에서 진평에게 뜻밖의 말을 했다.

"속담에, '여자와 어린애의 말은 절대 믿어서는 안 된다'는 말이 있다. 짐과 경이 어떤 관계인가? 경은 여수의 진언을 개의치 말라."

진평은 장계취계將計就計: 상대방의 계교를 미리 알아채고 그것을 역이용하는 것로 짐짓 여태후의 말에 순응했다. 그는 여태후가 여 씨 자제들을 제후 왕으로 봉하는 데 대하여 전혀 반대하지 않았다. 그는 전력을 기울여 재상 자리를 지키면서 몰래 유 씨 자손들을 보호하며 때가 되면 유 씨 왕권을 회복하리라 결심했다.

기원전 180년, 여태후가 죽자 진평은 태위 주발과 함께 모략을 꾸며 여씨 가족을 몰살하고 효문 황제를 옹립하여 유 씨 천하를 회복시켰다.

귀곡자는 말했다.

"상대방의 말을 듣고 싶으면 반대로 침묵하고, 펼치고 싶으면 반대로 움츠리고, 높아지고 싶으면 반대로 낮추며, 얻고 싶으면 반대로 줘라."

사실상 귀곡자의 말은 상대방이 먼저 공격해 오기를 기다렸다가 상대방을 제압한다는 것을 강조한 것이다. 현실에서도 상대방을 제압하기 위해서는 반드시 멀리 볼 줄 아는 안목이 필요하다. 때로는 울분을 참으면서 아무 말도 못 하고, 때로는 치욕을 참아가며 중대한 임무를 맡게 되는 것도 필요하다. 압력 때문에 한 발 후퇴하는 것은 바로 자기의 생존과 발전의 기회를 얻는 길이다. 그러므로 일시적인 의기로 무조건 앞으로 나아가기만 해서는 절대 안 된다. 만약 그렇게 한다면 자기 일에 아무런 도움도 안 될뿐더러 오히려 재앙만 돌아올 뿐이다.

欲聞其聲反默, 欲張反瞼, 欲高反下, 欲取反與.
욕 문 기 성 반 묵   욕 장 반 검   욕 고 반 하   욕 취 반 여

상대방의 말을 듣고 싶으면 반대로 침묵하고, 펼치고 싶으면 반대로 움츠리고, 높아지고 싶으면 반대로 낮추며, 얻고 싶으면 반대로 줘라.

- 귀곡자 《반응反應》에서

# 세 치 혀로
# 백만 대군을 이기다

조趙 나라의 모수毛遂라는 인물은 평원군平原君의 집에서 3년간 문객노릇을 하였으나, 두각을 나타낼 기회가 없었다.

기원전 257년, 진나라 군대가 조나라를 침략하여 도성을 포위했을 때였다. 조나라 왕은 평원군을 시켜 속히 초나라에 가서 지원 요청을 하도록 했다. 평원군은 자기 식객 천 명 중에서 문무가 출중한 20명을 선발하여 함께 가기로 했다. 그런데 조건을 구비한 사람이 19명밖에 되지 않았다. 한 명을 더 선발해야 했지만, 마땅한 인물이 없었다.

이때 모수가 나서서 말했다.

"제가 수를 채워 평원군을 따라 초나라에 가겠습니다."

평원군은 고개를 저었다.

"무릇 현명한 인재는 마치 주머니 속에 있는 송곳과 같아서 언젠가는 그

끝이 드러나게 됩니다. 그런데 귀공께서는 나의 문하에 머문 지 3년이나 되었지만, 내 주변 사람들이 칭송하는 말을 들은 적이 없으니 이것은 귀공께서 별 능력이 없다는 증거입니다. 귀공은 안됩니다."

모수가 물러서지 않고 자기를 변론하여 말했다.

"신은 오늘에야말로 주머니 속에 있게 되기를 간청할 따름입니다. 일찍이 저를 주머니 속에 넣으셨다면, 송곳 끝이 주머니를 뚫고 나왔을 것이고, 그것도 송곳 끝만 드러내는 정도에 그치지 않았을 것입니다."

평원군은 모수의 말을 듣고 그의 말이 도리에 맞고 또한 그의 도량이 보통이 아니라고 생각하여 그를 초나라로 데려가기로 결정했다.

초나라에 도착한 평원군은 왕을 만나 원군을 보내 줄 것을 요청했다. 그러나 초나라 조정에서는 해가 중천에 떠오르도록 파병 문제를 결정짓지 못하고 있었다. 이때 모수가 칼자루를 어루만지면서 평원군에게 자기가 나서서 말해 보겠다고 하고는 계단으로 올라섰다. 이에 초왕이 분노하여 호통을 쳤다.

"당장 내려가지 못하겠는가! 내가 지금 네 나라 대군과 중요한 문제를 논의하고 있는데, 너는 무엇 하는 놈이냐?"

모수는 초나라 왕의 호통에도 끄떡하지 않고 한 발 더 나서서 말했다.

"폐하께서 저에게 호통을 치시는 것은 여기에 초나라 사람이 많이 있기 때문입니다. 그러나 지금 10보 이내의 가까운 거리에서는 초나라 사람이 조나라 사람보다 많다고 확신할 수가 없습니다. 폐하의 목숨은 제 손에 달려 있습니다. 그런데 어찌 저의 대군이 계시는 앞에서 어찌 호통을 치십니까? 은殷나라 탕왕湯王은 겨우 70리의 땅으로 천하에서 왕 노릇을 했고, 문왕文王은 100리의 땅으로 제후들을 신하로 삼았다고 들었습니다. 이는 그 군사와 백성이 많아서 그랬겠습니까? 진실로 그 형세에 따라 힘을 발휘했을 따름입니다. 지금 초나라 영토는 사방 5천 리이고, 무장 병사가 백만 명이나 됩니다. 이것은 천하의 패자覇者가 될 수 있는 조건입니다. 초나라의 강성함은 그 누구도 당해낼 수가 없습니다. 그런데 일개 조무래기에 불과한 진나라 무안군 백기가 수만 명의 군사를 거느리고 초나라와 전쟁을 했습니다. 한 번의 전투로 초나라 수도 언양을 함락시키고, 두 번 싸워서는 이름을 불태웠으며, 세 번 싸워서는 왕의 선조를 욕보였으므로 이는 영원한 원수입니다. 이것을 조나라조차 부끄러워하는 판인데, 하물며 폐하께서는 부끄러워할 줄 모르십니까? 우리가 이번에 원군을 청한 이유는 초나라를 위한 것이지 조나라를 위한 것이 아닙니다. 그런데 저의 대군 앞에서 호통을 치시는 까닭이 무엇입니까?"

초나라 왕이 얼떨결에 대답했다.

"맞다. 그대 말이 맞다. 조나라에 원군을 파병하겠다."

모수가 재차 다짐을 받았다.

"진정 파병을 결정하신 것입니까?"

초나라 왕이 대답했다.

"결정했다."

마침내 모수의 변론으로 지지부진했던 파병 논의가 매듭을 짓게 된 것이다. 평원군이 탄복하며 말했다.

"모수는 원래부터 대단한 인물이었다. 백만 대군이 그의 세 치 혀를 당해내지 못하다니 참으로 대단하다. 그런데 어찌 내가 그를 발견하지 못했을까? 이번에 모수가 스스로 나서지 않았다면 그토록 뛰어난 인재를 매몰할 뻔했구나!"

귀곡자는 말했다.

"'내內'라는 것은 유세하는 말이 (군주의) 마음 안으로 들어가는 것이고, '건揵'이라는 것은 모략이 (군주의 뜻과) 굳게 결합하는 것이다."

여기서 말하는 '안內'은 변명을 이용하여 군주를 설득하고 총애하여 신임하게 하는 것이고, '건揵'은 바로 도전적으로 군주가 결책을 짓는 대권을 말한다. 군주에게 유세를 할 때는 반드시 군주의 뜻을 예측하고 모략을 획책할 때도 역시 군주의 뜻에 순종해야 한다.

계급사회에서 관직권력 쟁탈전은 예나 지금이나 매우 격렬하고 참혹하기까지 하다. 자기 자신이 나라를 떠받치는 중요한 인재가 되려면 반드시 적극적으로 나서서 자기의 재주와 능력을 충분히 발휘해야 한다. 이렇게 하는 데는 반드시 그 상황에서 필요한 것을 잘 따져 보고, 그것이 현실적으로 꼭 필요하다는 확신이 있어야 기회를 잘 틀어쥘 수 있다.

內者, 進說辭, 揵者, 揵所謀也
내 자  진 설 사   건 자   건 소 모 야

'내內'라는 것은 유세하는 말이 (군주의) 마음 안으로 들어가는 것이고, '건揵'이라는 것은 모략이 (군주의 뜻과) 굳게 결합하는 것이다.

— 귀곡자 〈버건內揵〉에서

# 적당한 시기에
# 약점을 노려라

한나라 초기 유방劉邦은 자기의 통치를 공고히 하기 위해 멋대로 유 씨 일족을 변방의 제후로 봉했다. 그리하여 한나라에서는 뜻밖의 변고가 발생했는데, 이를 역사에서는 '7국의 난'이라고 한다. 다행히도 왕실에서는 충신들이 있어 끝내 난을 평정하고 한나라 왕조의 통치는 점차적으로 안정되기 시작했다. 주아부周亞夫는 제일 먼저 난을 평정한 명장의 한 사람이었다.

한경제漢景帝 3년, 야심에 가득한 오나라 왕 유비劉鼻는 초·한 등 7개 제후국들과 내통하고 연합하여 군사 반란을 일으켜 우선 한나라에 충성하는 양梁나라를 공격했다. 이에 한 경제는 주아부에게 30만 대군을 주어 난을 평정하게 했다. 이때 양나라는 조정에 사람을 보내어 구원을 청하면서 이미 유비가 양나라를 공격하여 수만의 인마가 손실을 입어 막아낼 수가 없으니 속히 원군을 보내어 도와줘야 한다고 간청했다. 한경제 역시 주아부에게 군사를 이끌고 가서 위기에 처한 양나라를 구해 줄 것을 명령했다.

주아부가 말했다.

"유비가 이끌고 있는 오나라와 초나라 대군은 전부터 강대하여 지금 사기가 충천합니다. 우리가 그들과 정면으로 맞서면 승리를 얻기가 어려울 것 같습니다."

한경제는 그럼 어떠한 계책으로 적군을 격퇴할 수 있는지 물었다.

"그들에게 군량과 마초馬草가 심히 부족한데, 우리가 그들의 식량 보급로를 차단한다면 적군은 반드시 싸움을 포기하고 스스로 물러날 것입니다."

주아부가 내놓은 계책에 한경제는 칭찬을 아끼지 않았다. 주아부는 일단 군사를 파견하여 하남 땅에 있는 형양滎陽을 공격하게 했다. 형양은 동서 양쪽 길을 지키는 요충지로 반드시 먼저 공격해야 할 곳이었다. 또한 주아부는 군대를 둘로 나누어 적군의 후방을 공격했는데, 한 부대는 오·초의 군량 보급로를 습격하여 차단하게 하고, 자신은 친히 군사를 이끌고 적군의 또 다른 주요 거점지인 모읍冒邑을 공격했다. 이리하여 주아부는 모읍을 성공적으로 점령하여 군의 사기를 드높일 수 있었다.

유비는 이 소식을 듣고 대경실색했다. 주아부를 교전 상대로 생각지도 않고 있었는데, 이미 그가 식량 보급로를 차단해 버렸다는 사실에 놀라지 않을 수 없었다. 유비는 당장 다시 모읍을 되찾고 식량 보급로를 개통하도록 명했다. 유비의 수십만 대군은 기세등등하게 모읍을 향해 진격했다. 이에 주아부는 적의 예봉을 피한 채 모읍을 굳게 지킬 뿐 출정은 하지 않았다. 모읍에 다다른 적군은 성을 향해 수차례의 공격을 시도했다. 그러나 성루 위에서 빗발치는 화살을 피해 번번이 물러나게 되었다. 유비에게는 신통한 계책이 없었다. 수십만 대군은 어쩔 수 없이 성 밖에서 주둔할 수밖에 없었고, 마초와 식량은 이미 바닥이 난 상태였다. 그렇게 며칠간 대치하는 동안 적군은 여러 날 굶주린데다가 사기가 떨어졌고 싸울 힘을 잃었다. 주아부는 적군의 상태를 살피고 때가 왔다고 여겨 군사를 모았다. 그리고 갑자기 맹공격을 가했다. 기진맥진한 적군은 싸워보지도 못하고 혼비백산하여 흩어졌다. 유비도 길을 버리고 황야로 달아나다가 동월이라는 곳에서 죽임을 당하고 말았다.

귀곡자는 말했다.

"세상이 다스려질 수 있으면 그것틈을 미리 막아 봉쇄하고, 세상이 다스려질 수 없으면 그것을 미리 막아 내 것으로 만든다. 그것을 혹은 이렇게 막고 혹은 저렇게 막고, 혹은 막아서 되돌리고 혹은 막아서 뒤집는다."

이 모략의 관건은 바로 주요 모순을 틀어잡는 것이다. 전쟁의 전체적인 국면에 일부 영향을 미치는 관건이 되는 것이 적의 약점이 된다. 지휘자는 반드시 정확하게 판단하고 시기를 틀어쥐어 적의 약점을 공격해야 한다. 주아부와 같이 기회를 노렸다가 적군의 식량과 마초를 탈취한다면 적군은 싸우지 않고 자연히 혼란에 빠지게 될 것이다.


世可以治, 則抵而塞之, 不可治, 則抵而得之.
세 가 이 치   즉 저 이 색 지   불 가 치   즉 저 이 득 지

或抵如此, 或抵如彼. 或抵反之, 或抵覆之.
혹 저 여 차   혹 저 여 피   혹 저 반 지   혹 저 복 지


세상이 다스려질 수 있으면 그것틈을 미리 막아 봉쇄하고, 세상이 다스려질 수 없으면 그것을 미리 막아 내 것으로 만든다. 그것을 혹은 이렇게 막고 혹은 저렇게 막고, 혹은 막아서 되돌리고 혹은 막아서 뒤집는다.

– 귀곡자 〈저희抵巇〉에서

# 간접적인 방법으로
# 나라를 구한다

제齊나라 위왕威王 3년기원전 354년에 위魏나라 혜왕惠王은 중산국中山國을 잃고, 그 한을 풀기 위해 대장군 방연龐涓에게 전차戰車 500대를 주어 조나라를 공격하게 했다.

방연은 뛰어난 전술을 가지고 파죽지세로 승승장구하여 순식간에 조나라 도성을 포위했다. 풍전등화의 위험에 처한 조나라는 이듬해에 어쩔 수 없이 제나라에 구원을 요청하며, 위나라 군대의 포위망을 없애 주면 중산국을 주겠다고 약속을 한 것이다. 이에 제나라 위왕은 손빈孫臏을 주장으로 내세워 조나라를 구하고자 했다. 그것은 손빈이 원한을 씻을 좋은 기회로 여겼기 때문이었다. 그러나 손빈은 거절했다.

"혹형을 당한 사람은 주장을 맡을 수 없습니다."

사실 손빈은 다른 생각이 있어서 거절한 것이었다.

할 수 없이 제나라 위왕은 전기田忌를 주장으로 임명했다. 손빈은 전기를 도아 군대를 이끌고 조나라로 향하게 됐다. 전기와 손빈이 이끈 군대가 조나라와 위나라 국경에 이르렀을 때였다. 원래 전기는 직접 조나라에 가서 위나라와 접전을 벌일 계획이었는데 손빈이 제지했다.

"서로 뒤엉킨 실 뭉치를 억지로 잡아 풀려고 하면 안 되고, 서로 뒤엉켜 치고받고 싸우는 사람을 구하려면 그 속에 말려들어 함부로 싸워서는 안 됩니다. 싸우는 자들의 급소를 틀어쥐고 싸우는 자들의 형세에 따라 제압하게 되면 부득불 스스로 풀어지게 됩니다. 지금 위나라와 조나라가 서로 공격하고 싸웠기에 위나라의 정예부대는 분명 외지에서 기진맥진해 있을 것이고, 노약자 잔여 병사들은 나라 안에서 지쳐 있을 것입니다. 그러니 장군께서는 군대를 이끌고 신속하게 위나라 도읍 대량으로 진군하여 그의 교통 요충지를 점거하고 적군의 허점을 공격하는 것이 어떻겠습니까? 위나라의 서울이 포위되어 있으면 위나라 왕은 반드시 방연에게 조나라에 대한 공격을 포기하고 군대를 돌려 자기를 구하도록 명령할 것입니다. 그러면 우리는 방연龐涓이 돌아오는 길목에 매복해 있다가 기습 공격을 가하는 것입니다. 이렇게 하면 우리가 승리를 거두고 일거에 조나라를 구할 수 있을 뿐 아니라, 그냥 앉아서 위나라의 좌절과 실패를 구경하게 될 것입니다."

전기는 손빈의 의견을 듣고 위나라 서울을 포위하기 위해 군사를 출동시켰다. 위나라 도성의 형세가 위급해지자 위왕은 방연에게 회군하여 자기를 구할 것을 명령했다. 본래 방연은 조나라와의 전쟁에서 곧 승리할 것이라 여겼다. 그런데 예상에 없던 위왕의 명을 받자 마음이 조급해지기 시작했고, 결국 중요한 식량과 마초를 버리고 밤을 타서 조나라로부터 군사를 철수하여 귀국길에 올랐다.

손빈은 위나라 군대가 귀국할 때 반드시 지나가야 하는 계릉오늘의 하남 서북쪽에 군대를 매복하고 있었다. 방연의 군사가 먼 길을 걸어 기진맥진한 상태로 이곳을 지날 때 기습 공격하여 대패시켰다. 결국 방연은 남은 병사들을 겨우 수습하여 대량에서 물러났다. 제나라 군대는 대승을 거두었고, 조나라는 위기에서 벗어났다. 이 전쟁이 중국 역사에서 이름난 '계릉 싸움'이다.

이 전쟁에서 손빈은 방관자의 안목으로 전쟁의 큰 흐름을 읽어내고 효과적인 문제 해결책으로 방연의 '가리개'를 찾아냈으며, 기회를 틀어쥐고 여기에서부터 손을 써서 슬기롭게 문제를 해결했다. 이것은 '간접적인 방법으로 나라를 구한다'는 책략으로서, 고대의 전쟁에 적용되었던 것이지만 현대를 사는 우리에게 많은 교훈을 던져준다.

귀곡자는 말했다.

"무릇 권세와 능력을 측정하는 것은 멀리 있는 사람을 가까이 오게 하여 세력을 키우고 세상일을 장악하기 위함이다. 반드시 먼저 자기와 상대방의 차이점을 관찰하여 말의 옳고 그름을 구별하고 안과 밖의 일을 살피며 일을 할 방책이 있는지 없는지를 본다. 그런 후에 안위의 계책을 결정하고 가까이할지 멀리할지를 결정한다."

이는 귀곡자의 '비겸술'로써 한 인물을 제압하는 술책이다. 손빈이 방연의 약점을 이용하여 전쟁에서 승리한 것처럼 상대방의 약점을 이용하여 자기의 계획을 실전에 옮기고, 자기의 앞길에서 적을 없애버리는 것이다. 누구를 막론하고 귀곡자의 비겸술을 운용하여 상대방의 약점을 틀어쥐고 상대방이 살아남을 수 있는 근본을 제거한다면, 상대방은 저절로 파멸하여 뜻밖의 결과를 얻을 수 있게 된다.

凡度權量能, 所以微遠來近, 立勢而制事. 必先察同異, 別是非之語, 見內
범 도 권 량 능  소 이 미 원 래 근  입 세 이 제 사  필 선 찰 동 이  별 시 비 지 어  견 내

外之事, 知有無之數, 決安危之計, 定親疎之事.
외 지 사  지 유 무 지 수  결 안 위 지 계  정 친 소 지 사

무릇 권세와 능력을 측정하는 것은 멀리 있는 사람을 가까이 오게 하여 세력을
키우고 세상일을 장악하기 위함이다. 반드시 먼저 자기와 상대방의 차이점을 관
찰하여 말의 옳고 그름을 구별하고 안과 밖의 일을 살피며 일을 할 방책이 있는
지 없는지를 본다. 그런 후에 안위의 계책을 결정하고 가까이할지 멀리할지를 결
정한다.

- 귀곡자 〈비겸飛箝〉에서

# 능력에 맞게
# 기세를 계량해서 써라

한나라 무제가 보위에 오른 것은 그의 나이 16세 때였다. 당시 조정의 대권은 할머니 두竇태후의 수중에 있었으나, 한무제漢武帝는 따로 손을 써서 두루 인재를 모으는 데 힘썼다. 전국 각지에 인재를 추천하라는 명을 내려, 뛰어난 인물이면 신분, 지역에 관계없이 파격적으로 기용했다. 그리하여 많은 유생들이 장안으로 들어왔는데, 그중 유명한 인재가 위청, 이광, 장건, 동중서, 동방삭, 공손홍, 사마상여, 두영 등이었다.

건원 6년기원전 135년, 두태후가 병으로 세상을 떠나자, 속박에서 벗어난 한무제는 자기의 뜻대로 나라를 다스리기 시작했다. 먼저 두태후가 조정에 끌어들인 친인척들을 모두 제거하고, 이전부터 자기를 도와 혁신을 주도한 외삼촌 전분을 승상丞相: 천자(天子)를 보필하던 최고 관직으로 임명했다. 또한 각 지방에서 효성스럽고 청렴하며 품행이 바르고 재능이 많은 인물들을 추천하도록 명했고, 특별한 공이 있는 사람은 조서를 보내어 바로 장군이나 재상에 임명했다.

당시 오나라에 주매신朱買臣이라는 인물이 있었다. 그는 독서를 많이 하여 학식이 매우 뛰어났지만 나이 40세가 넘도록 벼슬길에 오르지 못하고 빈궁한 유생으로 지내고 있었다. 산에 가서 나무를 해다가 팔아 겨우 끼니를 해결했는데, 그의 아내마저 가난에 시달리다 못해 그를 떠나고 말았다.

그는 50세가 되어서야 겨우 기회를 얻어 장안으로 들어가게 되었다. 장안에 간 그는 자천서自薦書를 올리고, 고향 사람인 장조의 도움으로 한무제를 알현하게 되었다. 한무제는 학식과 재능이 뛰어난 주매신을 바로 중대부中大夫라는 자리에 앉혔고, 장조와 같은 대우를 해 주었다. 일개 평민이 하루아침에 조정의 관리가 된 것이다.

그 후 주매신이 계책을 올리며 말했다.

"동월왕 여선이 천산泉山에 가 있으려고 남쪽 큰 나루로 갔는데, 천산에 가려면 약 500리나 되고 또한 그곳은 의지하여 방어할 만한 곳이 없으니, 이때 군사를 움직여 천산으로 가면 동월왕을 처치하기가 어렵지 않을 것입니다."

한무제는 그 말을 듣고 매우 기뻐하며 주매신을 회계태수에 임명했다. 주매신이 동월을 타파하자, 한무제는 다시 그에게 주작도위의 벼슬을 제수除授했다. 그리하여 주매신은 9경九卿:높은 관직의 우두머리가 되었다.

귀곡자는 말했다.

"오합술을 천하에 적용할 때는 반드시 천하의 형세를 계량하여 거기에 따라서 해야 하고, 그것을 나라에 적용할 때는 반드시 나라의 상황을 계량해서 해야 한다. 그것을 가정에 적용할 때는 반드시 가정의 상황을 계량해야 하고, 그것을 자신에게 적용할 때는 반드시 자신의 능력과 기세를 계량해서 써야 한다."

오합忤合: 대세를 거스르는 것과 추종하는 것의 기술을 천하에 응용하려면 반드시 천하의 정황을 판단하여 실시할 조치를 제정해야 하며, 만약 오합술을 한 나라에 응용하려면 반드시 그 나라의 정황에 근거하여 실시할 조치를 제정해야 한다. 또한 오합을 대부大夫의 영토에 응용하려면 반드시 그곳의 실제 정황에 따라 실시할 조치를 제정하고, 만약 오합을 어느 한 사람에게 응용하려면 그 사람의 재주와 지혜, 능력, 기개 등에 따라 실시할 조치를 제정해야 한다.

用之於天下, 必量天下而與之, 用之於國, 必量國而與之. 用之於家, 必量
용 지 어 천 하  필 양 천 하 이 여 지  용 지 어 국  필 양 국 이 여 지  용 지 어 가  필 량
家而與之, 用之於身, 必量身才能氣勢而與之.
가 이 여 지  용 지 어 신  필 량 신 재 능 기 세 이 여 지

오합술을 천하에 적용할 때는 반드시 천하의 형세를 계량하여 거기에 따라서 해야 하고, 그것을 나라에 적용할 때는 반드시 나라의 상황을 계량해서 해야 한다. 그것을 가정에 적용할 때는 반드시 가정의 상황을 계량해야 하고, 그것을 자신에게 적용할 때는 반드시 자신의 능력과 기세를 계량해서 써야 한다.

— 귀곡자 〈오합忤合〉에서

# 다른 사람의 말에
# 귀 기울여라

 

기원전 202년, 항우와의 전쟁에서 이기고 전국을 통일한 유방은 자칭 황제가 되었다. 이때 북방 몽고고원 일대에서 활약하던 흉노들이 진왕조로부터 극심한 타격을 받은 후 중원의 전란을 이용하여 실력을 회복했는데, 이것이 신흥 왕조에게 최대의 위협이 되었다.

유방은 북방 흉노의 침입을 막기 위해 특별히 한왕신韓王信을 하남 우주시오늘날 태원 일대에 있는 도성 전양오늘날 태원 남쪽으로 이동 배치시켰다. 그러나 유방과 한왕신의 예상과 달리 한나라는 흉노와의 싸움에서 고전을 면치 못했다. 수차례의 교전에서 승전보다 패배가 더 많았으며, 그해 가을에는 왕도 마읍지명마저 겹겹이 포위당하고 말았다.

한왕신은 할 수 없이 사절을 보내어 흉노에게 화친을 구걸하는 처지가 되었다. 유방은 흉노와 화친한 한왕신에게 그것이 혹시 반역이 아닌가 하고 책망했다. 이에 한왕신은 유방이 자기에게 죄를 덮어씌우지 않을까 두려운 마음에 흉노에게 투항하고 말았다.

이런 상황에서 기원전 200년, 노한 유방은 친히 출정하여 한왕신의 반란을 평정하고자 한왕신의 주력군을 크게 이기고 그의 대장인 왕희를 살해했다. 이에 한왕신은 멀리 흉노에게로 도망쳐 그들과 연합하여 싸울 준비를 했다.

흉노 왕인 모돈 선우冒頓 單于는 기병 1만 명을 데리고 진양으로 접근하여 한나라 군대와 교전을 벌였다. 그러나 한나라 군에게 격파당하여 이석지명으로 쫓겨 갔고, 그곳에서 다시 한나라에게 패배하자 패잔병들을 모아 겨우 루번오늘날 녕무로 갔다. 한나라 군사는 그곳까지 추격하여 흉노 군을 모조리 섬멸했다.

당시 유방은 진양에 주둔하고 있었는데, 한나라 군이 승승장구하자 승리에 도취하여 점차 흉노를 경시하게 되었다. 그는 모돈 선우가 대곡오늘날 상간하곡에 주둔하고 있다는 정보를 입수하자, 군사를 이끌고 추격했다. 설사 한꺼번에 적을 진멸하지는 못한다 할지라도 적어도 진나라 장군 몽괄이 흉노를 격파했던 것처럼 변방의 우환을 소멸하여 호인옛날 중국 북방과 서방의 이민족이 감히 남하하여 말을 기르지 못하게 하리라 다짐했기 때문이다.

유방이 줄곧 추격했으나, 흉노는 후퇴를 멈추지 않았다. 유방은 더 빨리 추격하기 위해 친히 기병 수만 명을 이끌고 돌진했다. 처음에는 순조로운 듯했다. 그런데 평성오늘날 대동을 지나 백등산 고지를 점령했을 때였다. 한나라 군은 기뻐할 겨를도 없이 흉노의 40만 정예 기병에게 겹겹이 포위당하고 말았다. 유방은 재빨리 병력을 후퇴시켰으나 때는 이미 늦었다. 겨울인

데다가 큰 눈이 내려 중원지대에서만 싸우던 한나라 군은 이런 상황에 속수무책이었다. 추운 겨울에 작전해 본 경험이 없었기 때문이다. 물자 공급도 제대로 안될뿐더러 전투 인원을 줄일 수도 없었다. 유방은 고립무원의 백등산 고지에서 구원병이 오기만을 기다리다가 1주일 만에 선우의 처에게 뇌물을 먹이고 도망쳐 흉노와 굴욕적인 화친을 맺어야 했다.

귀곡자는 말했다.

"권세를 헤아려 살피지 못하면 누가 강하고 누가 약한지 알 수 없고, 속마음을 측량하여 살피지 못하면 숨겨진 변화의 양상을 알 수 없다."

천하의 정세 변화를 신중하고도 세밀하게 장악하고 외교 형세의 경중을 바로 알면 시국을 정확하게 억눌러 꼼짝 못하게 할 수 있다. 유방의 일생을 보면 그 총명함이 지나치고, '백등산에서 포위당한 일'은 그의 성격 결함과 인생의 약점을 그대로 보여준다. 그는 스스로 잘난 체하고 교만하여 남의 말을 전혀 받아들이지 않았다. 그는 흉노의 패잔병들이 늙고 허약하며 병들어 있는 것을 친히 보았으므로 자신의 눈은 믿어도 부하들의 충언은 듣지 않았다. 그 결과 백등산에서 흉노들에게 겹겹이 포위되고 만 것이다.

量權不審, 不知强弱輕重之稱, 揣情不審, 不知隱匿變化之動靜.
량 권 불 심  불 지 강 약 경 중 지 칭  췌 정 불 심  불 지 은 닉 변 화 지 동 정

권세를 헤아려 살피지 못하면 누가 강하고 누가 약한지 알 수 없고, 속마음을 측량하여 살피지 못하면 숨겨진 변화의 양상을 알 수 없다.

- 귀곡자 〈췌정揣情〉에서

# 은밀히 추정해야 할 대상

촉나라 왕 유비劉備는 제갈량諸葛亮의 계책에 따라 군사 요충지인 형주를 탈취했다. 한나라 주유周瑜는 대노하여 군사를 일으켜 유비와 자웅을 겨루겠다고 결심했으나 노숙魯肅의 권고로 겨우 분을 가라앉혔다. 그러나 주유는 유비가 형주를 점거한 것은 동오를 정벌하기 위함이라는 것을 알고 노숙에게 유비로부터 형주를 빼앗아오게 했다.

처음에 유비는 조카 유기를 도와준다는 이유로 시간을 끌면서 형주를 돌려주지 않았다. 유기가 죽은 후 노숙이 다시 형주를 치려 할 때, 제갈량의 변호로 서천을 취한 다음 형주를 돌려주겠다고 했다. 그리하여 노숙은 할 수 없이 빈손으로 돌아왔다.

그 후 유비는 손권의 여동생을 아내로 맞이하여 그와 동서지간이 되었지만, 손권은 다시 노숙에게 유비가 점거한 형주를 빼앗아오도록 명했다. 이에 유비는 제갈량에게 그에 맞설 계책을 물었다. 제갈량은 다음과 같이 대답했다.

"주공께서는 소리를 크게 내어 울기만 하십시오. 제가 나서서 타이르면 형주에 별 어려움이 없을 것입니다."

노숙이 안채에 들어 대담을 하게 되었다.

"소인은 오후에 군명을 받들어 다만 형주 일 때문에 왔습니다. 이미 두 분은 한 집안 사람들이니 바라건대 황숙皇叔: 유비께서 오늘 형주를 돌려주셨으면 합니다."

노숙의 말에 유비는 대답 대신 아무 말 없이 두 손으로 얼굴을 가리고 방성대곡하기 시작했다. 이에 노숙은 크게 놀라 안색이 변하여 급히 유비에게 물었다.

"황숙께서 어찌 이러십니까? 소인이 노여움을 드렸는지요."

유비는 아무 말 없이 울기만 하여 얼굴이 온통 눈물범벅이 되었다. 노숙은 당황스럽기도 하고 겁도 나서 벌벌 떨었다. 이때 제갈량이 거위깃털 부채를 저으면서 병풍 뒤에서 나오더니 이렇게 말했다.

"제가 장군의 말을 다 들었습니다. 우리 주공主公이 무엇 때문에 우시는지 모르십니까?"

노숙은 난색을 띠며 대답했다.

"황숙께서 슬피 울기만 하시는데 그 이유를 모르겠으니 제갈 선생께서 가르쳐 주십시오."

제갈량이 대답했다.

"어렵지 않습니다. 처음 우리 주공께서 형주를 빌릴 때 서천을 취한 다음 동오에게 돌려주기로 문서까지 썼습니다. 그런데 잘 생각해 보십시오. 서천의 군정 대사를 주관하고 있는 유장은 우리 주공의 형제입니다. 아시다시피 모두 한나라 혈육으로서 만약 병사를 일으켜 서천을 공격한다면 많은 사람들이 우리를 욕할 것이고, 또 서천을 취하지도 않고 형주를 돌려준다면 어디에다 몸 둘 곳이 없습니다. 그렇다고 동오의 손권은 처남인데 형주를 돌려주지 않으면 그를 볼 면목이 없을 것입니다. 이러니 참으로 우리 주공께서는 진퇴양난의 난국에 빠져 저렇게 대성방곡하시는 것입니다.”

공명이 말을 마치고 유비에게 눈짓을 하자, 유비는 가슴을 치고 발을 구르며 더욱 큰소리로 울었다.

노숙은 원래 성품이 무던한 사람이어서 유비의 눈물을 보자 측은한 생각이 들었다. 참으로 유비가 발붙일 곳이 없어서 그토록 슬피 우는 것으로 여겨 조용히 몸을 일으켜 이렇게 말했다.

“황숙께서는 번뇌를 그치십시오. 이 문제를 놓고 공명과 천천히 신중하게 의논하도록 하겠습니다.”


귀곡자는 말했다.

“마摩는 상대방의 본심을 추정하는 방법이다. 상대방의 내부에 있는 신호가 추정해야 할 대상이다. 마의 방법을 사용하는 데는 방법이 있으니, 그것은 반드시 은밀히 해야 한다는 것이다. 상대방의 욕망을 세밀하게 건드려서 본심을 탐지해 나가면 반드시 안에서 반응이 온다.”

이 말은 겉으로 드러난 내적 심리 요인을 잘 헤아려야 한다는 것을 뜻한다. 즉 유비는 노숙의 성질을 세밀하게 간파하여 형주를 지키고 승리를 취할 수 있었다.

남자의 눈물은 사람의 마음을 정복하는 일종의 묘한 무기다. 유비의 눈물은 노숙의 마음속에 흘러들어가 그를 감동시켰고, 노숙의 방어선을 허물어 결국 자기의 목적을 달성할 수 있게 되었다.

摩者, 揣之術也. 內符者, 揣之主也. 用之有道, 其道必隱.
마 자 췌 지 술 야   내 부 자   췌 지 주 야   용 지 유 도   기 도 필 은

微摩之以其所欲, 測而探之, 內符必應.
미 마 지 이 기 소 욕   측 이 탐 지   내 부 필 응

마摩는 상대방의 본심을 추정하는 방법이다. 상대방의 내부에 있는 신호가 추정해야 할 대상이다. 마의 방법을 사용하는 데는 방법이 있으니, 그것은 반드시 은밀히 해야 한다는 것이다. 상대방의 욕망을 세밀하게 건드려서 본심을 탐지해 나가면 반드시 안에서 반응이 온다.

– 귀곡자〈마의摩意〉에서

# 성질에 따라
## 사람을 제어하는 기술

유비가 백제성에서 병으로 죽을 때, 남방지구에 위세가 대단한 한 소수민족의 지도자인 맹획孟獲이라는 사람이 있었다. 그는 서남지구의 일부 부족들을 일으켜 촉나라에 대항했다. 이에 제갈량은 내외적으로 초나라에 대한 협공을 방지하기 위하여 동오東吳의 손권에게 사람을 보내어 화친을 담판 짓게 했다. 동시에 제갈량은 수리건설을 흥성시켜 생산을 늘리고 식량과 말의 먹이를 비축하게 했으며 꾸준히 병마를 훈련시켰다. 이렇게 2년간 힘들게 노력하여 촉나라의 형세는 온전하게 발전하게 되었다. 그때 제갈량은 친히 대부대를 영솔하여 셋으로 나누어서 맹획을 토벌하고자 했다.

출발할 때 참모인 마속이 제갈량에게 말했다.

"맹획이 있는 곳은 지세가 험준하고 성도사천성 소재와 거리가 멀어 오랫동안 조정에 복종하지 않았습니다. 오늘 공께서 무력으로 그를 패배시키고 잘못을 뉘우치게 하면, 그는 내일 또 배반할 것입니다. 그러니 성을 공격하여 얻는 것이 하책下策이고, 심리전으로 기를 꺾는 것이 상책上策입니다. 제 생각에는 이번 출정은 그들을 소멸하는 것이 목적이 아니라 심리를 정복하는 것이 마땅하다고 봅니다. 이렇게 하면 좋은 결과를 거둘 수 있습니다."

제갈량의 생각도 마속의 생각과 같았다. 제갈량은 고개를 끄덕이며 말했다.

"그대의 건의가 참 좋소이다. 내 반드시 그렇게 하리다."


맹획은 제갈량이 친히 군대를 이끌고 출정한다는 소식을 듣고 서둘러 인마를 조직하여 저항에 나섰다. 제갈량은 맹획이 힘이 쎄고 용맹하며 성격 또한 곧고 호방하여 한 번 한 말은 두 번 하지 않으나 계책이 부족하다는 것을 알고 있었다. 제갈량의 머릿속에서는 점차 맹획을 굴복시킬 수 있는 작전계획이 세워져 갔다. 우선 전 군대에 맹획을 사로잡을 뿐 다치게 해서는 안 된다는 영을 내렸다. 그리고 대장 왕평을 불러 낮은 소리로 몇 마디 부탁해 두었다.

왕평은 제갈량의 뜻을 알아차리고 군을 이끌어 맹획의 진영으로 돌진했다. 맹획이 급히 나와 응전하자 이번에는 갑자기 왕평이 말머리를 돌려 들판으로 달려가는 것이었다. 맹획은 왕평이 수세에 몰려 도망치는 줄 알고 몹시 기뻐했다. 그리고 곧바로 부하들에게 영을 내려 빠른 속도로 추격하게 했다. 맹추격하여 산골짜기에 이르렀을 때였다. 갑자기 함성이 울리면서 양쪽에서 촉나라 군사들이 일시에 달려들었다. 맹획은 이번에는 꼼짝없이 죽었구나 생각했다. 그런데 뜻밖에도 제갈량이 포승줄을 풀게 하더니 친히 그를 데리고 촉나라 군영을 돌아보게 했다. 그리고 나서 맹획에게 물었다.

"그대가 보기에 촉나라 군의 실력이 어떠한가?"

맹획이 오만하게 말했다.

"내 보기에는 그저 그렇습니다. 내가 이번에 패전한 것은 매복 전에 당했기 때문이지 직접 교전을 벌였다면 어느 편이 졌을지 알 수 없지요."

제갈량이 웃으면서 말했다.

"그렇다면 당신이 돌아가서 잘 준비한 뒤, 우리 또 한 번 싸워봅시다."

몇 달 사이에 제갈량은 연달아 세 번이나 맹획을 사로잡았다. 그때마다 제갈량은 맹획에게 같은 질문을 던졌다. 그러면 맹획은 속임수에 당했다느니, 운이 나빠서 졌다느니 하는 구실을 달았다. 여섯 번째 포로가 되었을 때는 먼저 선수를 쳐서 말했다.

"만약 승상께서 일곱 번째로 나를 붙잡으면, 그때는 진정으로 굴복하고 영원히 배반하지 않겠습니다."

제갈량도 한술 더 떠서 받아쳤다.

"나도 그대를 다시 사로잡는다면, 결코 석방하지 않을 것이오."

맹획이 일곱 번째로 잡혀왔다. 제갈량은 맹획을 만나지도 않고 사람을 보내 자신의 뜻을 대신 전하게 했다.

"승상의 특령에 따라 내가 와서 너를 석방하는 것이다. 만약 네가 할 수 있다면 또다시 돌아가서 병력을 모아 결전하여 능히 승상을 이길 수 있겠는가?"

맹획은 땅바닥에 무릎을 꿇고 앉아 눈물을 흘리면서 말했다.

"승상께서는 저를 일곱 번이나 포로로 잡아서 일곱 번을 놓아 주셨습니다. 승상처럼 이렇게 인의를 베푼 것은 지금까지 한 번도 없을 것입니다. 저는 마음 깊이 탄복하여 오늘부터 저는 절대 승상을 배반하지 않겠습니다."

제갈량은 맹획을 비롯하여 각 부족의 두령들에게 자기 땅을 잘 관리하게 하고 서로 사이좋게 지내도록 했다. 또한 소수민족 간의 충돌을 피하고 군비 지출을 줄이기 위해 관청을 두지 않았으며, 한 명의 군사도 두지 않기로 결정했다.

포로에서 풀려난 맹획은 즉시 각 부족의 두령들을 소집하고 매우 감격해하며 말했다.

"촉나라 승상은 참으로 모략이 뛰어난 사람이오. 그가 훈련해 낸 병사들과 기마는 하나같이 슬기롭게 잘 싸웠소. 나는 다시는 그들을 적으로 대하거나 군사를 일으켜 난을 일으키지 않을 것이오."

귀곡자는 말했다.

"지혜로운 사람과 이야기할 때는 박식함으로 하고, 어리석은 사람과 이야기할 때는 명확하게 판단하고, 판단을 잘하는 사람과 이야기할 때는 요점을 집어서 하고, 지위가 높은 사람과 이야기할 때는 권세를 의지해야 한다. 부유한 사람과 이야기할 때는 고상하게 하고, 가난한 사람과 이야기할 때는 이익을 제시하고, 천한 사람과 말할 때는 겸손하게 하고, 용감한 사람과 말할 때는 과감하게 하며, 허물이 있는 사람과 이야기할 때는 예리함으로 해야 한다. 이것이 언어를 사용하는 방법이다."

즉 지혜로운 사람은 사람들의 서로 다른 성격에 근거하여 각기 다른 대응 방안을 정해야 한다는 것이다. 참모인 마속이 "심리전으로 기를 꺾는 것이 상책이고, 성城을 공격하여 얻는 것이 하책이다"는 말 역시 모략이 뛰어난 제갈량이 맹획을 일곱 번이나 잡았다가 일곱 번 놓아준 일에 비견할 수 있다. 이리하여 맹획은 진정으로 제갈량의 됨됨이에 탄복하여 충심으로 그를 따르게 되었던 것이다.

故與智者言, 依於博, 與拙者言, 依於辯, 與辯者言, 依於要, 與貴者言, 依
고 여지자언 의어박 여졸자언 의어변 여변자언 의어요 여귀자언 의
於勢. 與富者言, 依於高, 與貧者言, 依於利, 與賤者言, 依於謙, 與勇者言,
어세 여부자언 의어고 여빈자언 의어리 여천자언 의어겸 여용자언
依於敢, 與愚者言, 依於銳, 此其術也.
의어감 여과자언 의어예 차기술야

지혜로운 사람과 이야기할 때는 박식함으로 하고, 어리석은 사람과 이야기할 때는 명확하게 판단하고, 판단을 잘하는 사람과 이야기할 때는 요점을 집어서 하고, 지위가 높은 사람과 이야기할 때는 권세를 의지해야 한다. 부유한 사람과 이야기할 때는 고상하게 하고, 가난한 사람과 이야기할 때는 이익을 제시하고, 천한 사람과 말할 때는 겸손하게 하고, 용감한 사람과 말할 때는 과감하게 하며, 허물이 있는 사람과 이야기할 때는 예리함으로 해야 한다. 이것이 언어를 사용하는 방법이다.

- 귀곡자 〈양권量權〉에서

## 상대의 뜻에 맞춰
## 경계심을 풀게 하라

원세개袁世凱는 혁명군이 일으킨 '2차 신해혁명'을 진압한 후 중국에 다시 황제 체제를 회복시키려는 꿈을 꾸었다. 그가 황제 제도를 복벽復辟: 물러났던 왕이 다시 왕위에 오름하려는 것은 역사를 거스르는 것이어서 온 국민이 분노하여 일어나 그를 토벌하려고 했다. 그중에서도 제일 먼저 대규모 무장투쟁으로 토벌을 감행한 것은 채악蔡鍔이 이끄는 운남의 호국군이었다. 채악은 대중을 조직하고 움직여 원세개를 타도에 앞장섰는데, 이 투쟁은 두 사람의 지혜와 용기를 겨룬 것으로서 채악이 자신의 재능을 감추고 숨은 모략을 구체적으로 실현한 싸움이었다.

2차 혁명 기간 동안 채악은 쌍방 교전에서 중립을 표하면서 귀주성과 광서성, 두 성의 중재자가 되어 쌍방이 싸움을 멈추고 법의 원리로 해결할 것을 주장했다. 이러한 채악의 행동이 거슬렸던 원세개는 그를 북경으로 들어

오도록 유인했다. 사실상 이것은 범을 끌어다 우리에 가두는 격이었다.

어느 날, 원세개는 그를 총독부로 불러 황제제도의 회복에 관해 의논했다. 채악이 말했다.

"저는 원래 공화당을 지지했는데, 2차 혁명 이후 중국이라는 대국에 황제가 없으면 통치할 수 없다는 것을 알게 되었습니다. 지금 총통께서 황제제도를 회복시키려는 뜻을 가지고 계신 것은 매우 바람직한 것이라 생각합니다. 그래서 저는 이에 제일 먼저 찬성했습니다."

교활한 원세개가 의심하며 물었다.

"그 말이 진정이냐? 그런데 무엇 때문에 남경과 강서에서 변란이 일어났을 때 사람들을 조종하여 선동했느냐?"

채악이 급히 자신을 변호하여 말했다.

"그때로 말씀드리면 저는 운남에 있었기 때문에 북경과는 멀리 떨어져 있었던 데다가 장강 일대는 국민당 세력 안에 있어서 쥐를 때려잡고 싶어도 그릇을 깰까 봐 겁이 나 부득이 중간인으로 있어야 했습니다. 이 점, 총통께서 양해해 주시기 바랍니다."

그 후부터 채악은 자신을 보호하기 위해 황제를 다시 세워야 한다고 주장하는 일파의 편에 서서 적극적으로 동조하고 선전했다.

하루는 채악이 별 볼 일 없는 무리와 황제제도의 회복 문제를 놓고 이야기하다가 이런 말을 덧붙였다.

"'공화'라는 두 글자가 나쁘지는 않지만, 우리나라 상황과 인심에는 적합하지 않습니다."

이때 황제제도를 찬양하는 무리의 수뇌인 양도梁道가 즉각 반박했다.

"그대는 그 두 글자의 사나움을 아시오? 최근 당신의 스승인 양계초가 황제 복벽을 반박하는 글을 발표했소이다. 그런데 제자인 당신이 황제 복벽을 찬양하면 스승을 배반하는 행위가 아니오?"

채악이 웃으며 말했다.

"사제라 할지라도 각자의 뜻이 있습니다. 이전에 양씨 어른도 저의 스승님과 함께 보황파保皇派: 황제를 지키려는 사람들의 무리가 아니셨습니까? 당신은 나를 질책하는데 제가 노형께 여쭙겠습니다. 누가 옳고 누가 그릅니까?"

양도는 얼굴을 붉히면서 종이 한 장을 꺼내 채악에게 내밀며 말했다.

"채 형은 황제 복벽을 찬양하니 여기에 존함을 적어 주시오."

채악은 시원스럽게 대답했다.

"나는 총통 면전에서 자청하여 서명했는데 안 될 것이 뭐가 있겠습니까?"

채악이 붓을 들어 명함을 써서 양도에게 건넸다. 사람들은 그를 의심하면서도 박수를 보냈다. 그 순간에도 채악은 호랑이 굴에서 빠져나갈 기회를 찾고 있었다. 원세개의 의심을 풀기 위해 일부러 기생집으로 갔다. 마침 기생집에는 소봉선이라는 학식과 담력으로 북경에서도 소문난 기생이 있었다.

채악은 특별히 소봉선에게 술상을 차리게 하고 원세개를 초청했다. 술이 몇 순배 돌자 채악은 처와 이혼하고 소봉선을 처로 맞이하겠다고 말했다. 이 일이 있을 후로 채악은 종일 소봉선과 뒹굴면서 원세개로 하여금 자신에 대한 경계심을 풀게 했다. 이렇게 채악은 아내와 한바탕 가짜 이혼극을 연출했다.

어느 날 이른 아침, 채악은 원세개가 일어나지 않은 것을 알고, 총독부에서 원세개와의 면담을 요청했다. 호위병이 총통께서 아직 일어나지 않았다고 하자, 채악은 일부러 짜증을 내면서 말했다.

"총통께서 일어나시면 즉시 나에게 전화 좀 해 주십사고 전하게."

채악이 돌아가고 원세개가 일어난 후 뜻밖의 일이 벌어졌다. 호위병의 말에 의하면 사건의 전말은 이러했다.

'채악이 집에서 부인과 때리고 싸우면서 많은 물건들을 때려 부수었다. 이에 원세개가 즉각 사람을 보내 싸움을 말리게 했다. 채악의 부인은 머리가 온통 헝클어지고 얼굴은 눈물범벅이 되어 바닥에 누워 있었다. 깨지고 부서진 물건들이 온 집안에 널려 있었다. 채악은 한쪽에서 혼자 중얼거리며 욕을 퍼붓고 있었다. 원세개의 부하들이 나서서 싸움을 말렸지만 타는 불에 기름 붓기여서 채악은 더 흉악하게 욕설을 퍼부었다. 채악의 부인 역시 조금도 수그러들지 않고 친정집으로 가버렸다.'

원세개는 이 일을 보고받은 후 마음을 놓고 아들에게 이렇게 말했다.

"내가 보기에 채악은 재간이 있어서 큰일을 할 것 같구나. 하지만 그는 아직 가정은 다스릴 줄 모르는 것 같다. 아무튼 나는 이제 근심 걱정 없이 마음이 편해졌다."

채악은 원세개가 자기에 대해 감시를 늦추고 있음을 알고 비밀리에 양계초와 원세개에게 맞설 계책을 꾀하며 기회를 보아 탈출하려고 했다.

1915년 11월 초, 채악은 소봉선과 천진에 가기로 약속하고 북양 형사들의 추격을 피하여 일본, 대만, 홍콩, 베트남을 돌아서 그해 12월 21일 비밀리에 곤명으로 갔다. 채악은 호랑이 굴에서 벗어난 지 얼마 되지 않아 곧 당계요와 호국군을 조직하여 끝내 원세개를 타도하게 된다.

귀곡자는 말했다.

"높이 추켜세워 동요하게 하거나 미약하게 했다가 바로잡아 주거나 하늘의 신호가 응하는 것처럼 하거나 꼼짝 못하게 막아버리거나 어지럽게 유혹하는 것 등을 가리켜 계략과 모략이라고 한다."

즉 상대방의 귀와 눈을 막거나 상대방이 보고 듣는 것을 끊든지 상대방을 마음의 지혜를 미혹시키는 것이 뛰어난 계략과 모략이라고 할 수 있다는 것이다. 가짜를 진짜처럼 연출하는 데 있어서 가장 중요한 것은 바로 상대의 뜻에 맞추어 그로 하여금 경계심을 갖지 않게 하는 것이다. 이렇게 함으로써 자기의 목적에 도달할 수 있게 되는 것이다.

高而動之, 微而正之, 符而應之, 擁而塞之, 亂而惑之, 是謂計謀.
고 이 동 지　미 이 정 지　부 이 응 지　옹 이 색 지　란 이 혹 지　시 위 계 모

높이 추켜세워 동요하게 하거나 미약하게 했다가 바로잡아 주거나 하늘의 신호가 응하는 것처럼 하거나 꼼짝 못하게 막아버리거나 어지럽게 유혹하는 것 등을 가리켜 계략과 모략이라고 한다.

- 귀곡자 〈모려謀慮〉에서

# 작은 것에 한눈팔지 마라

춘추시대 말기, 제나라 재상이었던 '범려范蠡'는 정치가·군사가·경제학자로서 그 재능이 뛰어났다. 그는 월나라 왕 구천을 도와 오나라를 멸망시키는 큰 공을 세웠으나, 홀연히 오나라를 떠나 제나라로 가서 재상의 지위에 올랐다. 그러나 얼마 후 재상의 벼슬마저 벗어버리고 도陶: 지금의 산동성 서북 지역에 정착한 후 상업을 경영하여 갑부가 되었다. 세상 사람들은 그를 가리켜 '도주공陶朱公'이라 불렀다.

범려는 국정도 잘 운영할 뿐 아니라, 용병用兵과 제가보신齊家保身에 두루 뛰어났던 보기 드문 지사智士였다. 세상 사람들은 그를 이렇게 칭송했다.

"충성으로 나라를 위하고, 지혜로 몸을 보호하며, 사업으로 부를 얻어 천하에 이름을 드높였다."

그 후, 그의 둘째 아들이 초나라에서 살인죄를 짓고 옥에 갇혔다. 범려는 거금을 주고 아들을 찾아오기로 하고 셋째아들에게 많은 돈과 재물을 주며 초나라에 가서 이 일을 해결하도록 했다. 그러자 큰아들이 물었다.

"아버님, 장자인 저를 두고 셋째를 보내시는 것은 제가 효도하지 않는다는 뜻 아닙니까?"

옆에 있던 범려의 아내가 말했다.

"셋째가 가서 둘째를 구할 수 있을지 모르겠습니다. 그러니 큰애를 보내세요."

도주공은 부득이하게 큰아들을 보내기로 하고, 친구였던 장생에게 보낼 편지를 한 통 써주며 이렇게 말했다.

"초나라에 간 후 즉시 장생에게 돈을 주고 그가 시키는 대로 하거라."

큰아들은 초나라에 도착하자 부친의 분부대로 돈과 편지를 장생에게 주었다. 장생은 편지를 읽더니 그에게 말했다.

"자네는 먼저 집으로 가 있게. 그리고 동생이 나온다 하더라도 사건의 경위는 묻지 말게."

장생은 비록 형편이 곤궁했지만 성품이 곧고 청렴한 사람이었다. 초나라에서 그를 존경하지 않는 사람이 없을 정도였다. 그리고 이번 일이 성사된 후에는 도주공의 뇌물을 돌려주려고 했다. 그러나 이러한 사정을 전혀 모르는 도중공의 큰아들은 장생을 보잘것없는 존재로만 여겼다.

이튿날 장생은 조정에 가서 왕에게 모 재상의 아들이 죄를 지었는데, 이는 초나라에 불리하므로 오직 은덕을 널리 펼쳐야 그것을 소멸할 수 있다고 간언했다. 초나라 왕은 장생의 말을 듣고 곧장 사람을 시켜 관청에 봉해둔 문서를 살펴 죄인들을 대사면하도록 영을 내렸다.

범려의 큰아들은 이제 곧 사면한다는 말을 듣고 동생이 출옥하게 되었는데 장생에게 그렇게 많은 돈을 준 것은 낭비가 아닌가 생각했다. 그래서 장생을 찾아가 돈과 재물을 돌려달라고 했다. 장생은 그의 행동에 크게 격분하여 조정에 들어가 왕에게 말했다.

"소신이 일전에 말씀드렸던 모 재상의 아들의 범죄 사실에 대해 폐하께서는 덕을 쌓고 보답하려 하셨습니다. 그런데 도주공의 아들은 초나라에서 사람을 죽이고 감금되어 있는데, 그 집에서는 많은 재물을 가져와 폐하의 좌우 신료들에게 뇌물을 주었습니다. 폐하께서는 대사면을 하신 것은 그의 처지를 동정하여 하신 것이 아니고, 도주공의 아들이기 때문에 그리하신 것이 아니옵니까?"

장생의 말을 들은 왕은 도주공의 둘째 아들을 사형에 처한 후에 대사면을 시행할 것을 명했다. 그리하여 도주공의 큰아들은 동생의 시신을 가지고 집으로 돌아가게 되었다. 아들이 돌아오자 도주공이 말했다.

"나는 일찍부터 큰아들이 둘째를 구하지 못할 것을 알았다. 그는 동생을 사랑하지 않았다. 그는 소싯적부터 나와 장사를 하면서 고생을 많이 겪었기 때문에 금전과 재물을 몹시 아낀다. 그러나 셋째는 나서부터 부유한 환경에서 자랐기 때문에 재물을 경시하고 돈을 물 쓰듯 한다. 그리하여 나는 셋째를 보내어 그 일을 처리하게 하려 했던 것이다. 그것은 셋째가 돈 쓰는 것을 아까워하지 않기 때문이다."

귀곡자는 말했다.

"성인이 일을 하는 데는 다섯 가지 방법이 있다. 드러내어 덕을 베풀거나, 은밀히 해치거나, 믿음으로 성의를 다하거나, 가리고 숨기거나, 평상시처럼 대하는 것이다. 드러내어 할 때는 언사가 일관되어야 하고 은밀하게 할 때는 두 가지 말로 해야 하되, '평소'의 방법은 가장 중요한 시기에 사용하고,

나머지 네 가지는 미묘하게 시행해야 한다."

　일을 처리할 때, 드러내어 할 때는 언사가 일관되어야 하고, 은밀하게 할 때는 진실과 거짓이 섞여 사람들이 진실을 종잡을 수 없도록 해야 하는 것이다. 크게는 국가, 작게는 개인에 이르기까지 일부 전략적인 계획이 다 있는 법이다. 또한 결정을 내릴 때는 전략적인 안목으로 문제를 보아야 정확하게 결정을 내릴 수 있다. 돈을 생명처럼 소중하게 여기는 사람은 흔히 적은 것으로 인해 큰 손실을 입는다. '새는 먹이때문에 죽고, 사람은 재물 때문에 죽는' 상황이 되는 것이다. 도주공의 장자는 돈을 지나치게 중히 여기는 바람에 동생의 생명을 잃게 했는데, 이것이 바로 적은 것으로 큰 손실을 입는 나쁜 결과를 가져오고 말았다.


聖人所以能成其事者有五.
성 인 소 이 능 성 기 사 자 유 오

有以陽德之者, 有以陰賤之者, 有以信誠之者, 有以蔽匿之者, 有以平素
유 이 양 덕 지 자　유 이 음 적 지 자　유 이 신 성 지 자　유 이 폐 닉 지 자　유 이 평 소

之者. 陽勵於一言, 陰勵二言, 平素樞機以用. 四者, 微而施之.
지 자　양 려 어 일 언　음 려 이 언　평 소 추 기 이 용　사 자　미 이 시 지


성인이 일을 하는 데는 다섯 가지 방법이 있다. 드러내어 덕을 베풀거나 은밀히 해치거나 믿음으로 성의를 다하거나 가려 숨기거나 평상시처럼 대하는 것이다. 드러내어 할 때는 언사가 일관되어야 하고 은밀하게 할 때는 두 가지 말로 해야 하되, '평소'의 방법은 관건적인 시기에 사용하고, 나머지 네 가지는 미묘하게 시행해야 한다.

- 귀곡자 〈결물決物〉에서

# 인재를 보는 눈

한나라 유방은 비록 학문은 소하보다 못하고 무예는 한신보다 못하고 모략은 장량보다 못했다. 하지만 훌륭한 인재들은 천하를 얻으려는 그의 뜻을 받들어 충성을 다해 싸웠다. 그것은 바로 유방이 식견이 높고 사물의 이치에 밝았기 때문이었다.

유방이 사람을 다스리는 방법을 대강 추려보자면, 그는 우선 사람을 알아보고 등용할 줄 알며 어떤 격식에 얽매이지 않고 남들이 떨어뜨린 것도 받아들였다. 때로는 반란도 용납했으며 지난날의 잘못을 꺼리지 않고 너그럽게 상대했다. 일단 사람을 쓰게 되면 의심하지 않았고 공적의 크고 작음을 논하여 상을 주고 은밀히 제어하는 데 있어서는 정해진 기준과 원칙에 충실함으로써 후세 제왕들이 본받게 했다.

한나라 초창기에 있었던 일이다. 연회를 베풀고 술이 몇 순배 돌자 유방이 웃으면서 군신들에게 물었다.

"내가 무슨 수로 천하를 얻었겠는가? 항우는 어떤 연유로 천하를 잃었겠는가?"

이때 두 사람이 일어나서 한목소리로 대답했다.

"평소에 폐하께서는 아랫사람을 대할 때 업신여기거나 잘난 체 하지 않으시고 너그럽고 후하시며 점잖으십니다. 또한 성을 공략하고 땅을 빼앗을 때마다 공에 따라 상을 주시며 천하 사람들과 이익을 함께 나누셨습니다. 그래서 사람마다 폐하를 위해 목숨을 아끼지 않았기에 천하를 얻으실 수 있었습니다. 그러나 항우는 자기보다 현명하고 능력 있는 사람을 시기하고 천성이 의심이 많으며 승전을 해도 공에 따라 상을 주지 않으며 땅을 얻어도 나누어 주지 않았습니다. 그러자 인심이 흩어졌고 천하를 잃게 된 것입니다."

듣고 나서 유방이 웃으며 말했다.

"그대는 하나만 알고 둘은 모르는군. 내가 생각하건대 득실의 원인은 사람을 이용하는 데서부터 말해야 하네. 나는 장막 안에서 작전계획을 짜고 천 리 밖의 결승을 아는 데는 자방보다 못하고, 백만 병사를 통솔하고 싸우면 이기고 공격하면 승리를 얻는 것에는 한신보다 못하며, 국가를 다스리고 백성을 보살피며 군대를 이끄는 데는 소하보다 못하다. 이 세 사람은 이 시대의 호걸들인데, 내가 능히 그들을 운명처럼 임용했기 때문에 천하를 얻을 수 있었다. 그러나 항우는 다만 한 가지만 알고 좋게 이용할 줄 몰랐기 때문에 나한테 멸망당하고 만 것이다."

유방은 사람을 임용할 때, 그 사람의 가문이나 학벌을 묻지 않고, 경험이 있고 없고를 보지 않았으며 다만 재능이 있으면 들어 썼다. 예를 들면 장량은 귀족 출신이고, 진평은 일거리를 찾아 떠돌아다니는 사람이었으며, 소하는 지방의 하급관리였는데 이런 사람들을 모두 임용했다. 그뿐 아니었다. 번회는 개백정이요, 관영은 천을 파는 사람이요, 루경은 수레를 끄는 사람이었는데 모두 한 가지씩 뛰어난 재능을 가지고 있어서 임용했다. 또 팽월은 강도요, 주발은 나팔 불고 북치는 사람이요, 한신은 직업이 없이 떠돌아다니는 사람이었으나 이들 또한 모두 받아들였다. 이렇게 유방은 인재를 선발할 때 이것저것 걱정하며 소극적으로 처리하지 않고 그저 포용하여 통쾌하게 받아들이곤 했다.

유방은 문인인 육가에게 이렇게 말했다.

"짐은 곧 천하를 얻을 것이다. 그런데 시詩, 서書는 해서 뭐해?"

육가는 유방을 말을 듣고 이내 반박했다.

"곧 천하를 얻는 것보다 차라리 천하를 다스리는 것이 낫지 않겠습니까?"

육가의 말에 유방은 부끄러워하는 기색을 보이며 즉시 그의 의견을 받아들였다.

귀곡자는 말했다.

"군주에게는 우선 멀리 보는 눈이 있어야 하고, 그다음에는 날아다니는 귀가 있어야 하며, 셋째로는 나무 꼭대기에서 보는 것 같은 밝음이 있어야 한다."

눈이 밝으면 현명한 신하를 얻을 수 있고, 혜안이 있으면 사람을 식별할 수 있다. 뿐만 아니라 현명한 신하와 훌륭한 장병이 자기를 위해 쓰일 수 있다면 큰 대업을 성취할 수 있다. 그러므로 대업을 이루고자 하면 인재 임용은 중점 중의 중점이요 관건 중의 관건이다. 자고로 천만 병사는 쉽게 얻을 수 있으나, 한 명의 장수는 얻기 힘들다고 했다. 인재를 중히 여기는 자는 천하를 얻고, 인재를 잃는 자는 천하를 잃는다는 것은 역사의 가르침이다.

一曰長目, 二曰飛耳, 三曰樹明.
일 왈 장 목  이 왈 비 이  삼 왈 수 명

군주에게는 우선 멀리 보는 눈이 있어야 하고, 그 다음에는 날아다니는 귀가 있어야 하며, 셋째로는 나무 꼭대기에서 보는 것 같은 밝음이 있어야 한다."

– 귀곡자〈부언符言〉에서

# 정기를 키우고 예기를 모은다

중국번曾國藩은 호남성 쌍봉의 한 구석진 산골 마을의 선비였다. 그가 북경에 가서 시험을 쳤는데 마침 진사로 합격하여 그곳에 남게 되었다. 그가 수도에 10년 있는 동안 연달아 10급으로 승진하여 37세에 예부시랑의 자리에 올랐고, 2품 관직으로서 이부시랑을 역임했다. 중국번이 이렇게 빠르게 승진하는 반면, 당시 청나라 국세는 나날이 쇠퇴하고 있었다.

중국번이 시험을 쳐서 진사에 합격한 것은 그의 정치 생애에서의 기점이자, 새로운 생활의 시발점이 되었다. 수도에 온 그는 지난날과 작별한다는 의미에서 이름을 척생滌生으로 고쳤다가 후에 다시 국번國藩이라고 고쳤는데, 이름자처럼 나라의 동량이 되어 한 걸음 한 걸음 권력의 정상에 올라 청나라 말기의 대세를 장악했다.

어느 날 중국번이 어머니의 병세로 고향에 가있는 동안 마침 태평천국의 세력이 호남성을 휩쓸었다. 그는 정세에 따라 고향에서 특별한 민단民團인 '상군湘軍: 중국 청나라 말 증국번이 편성한 반혁명(反革命) 군대'을 조직하여 온갖 고생을 다 겪으면서 태평천국의 난을 평정했다. 이에 청 왕조는 그를 용의후勇毅侯에 봉했다. 이리하여 청나라에서는 문인이 무후武侯가 된 것은 그가 첫 번째였다. 그 후 증국번은 양강총독 등을 역임하면서 1품관이 되었다.

처음 지방군대를 훈련할 때 증국번은 지방에서도 향토보호를 위한 의용병을 모집했다. 그리고 점차 확대되어 호남일대에서만 그치지 않고 상군湘軍: 호남군대을 조직하는 데 성공했다. 이는 증국번이 사람을 볼 줄 알고 쓸 줄 알았기에 가능한 일이었다.

처음에 장군을 모집할 때 그는 매일 모집 장소에 갔다. 전에는 방해자들이었으니 말수가 적은 노련하고 성실한 사람들을 보면 "좋소, 좋소!" 하며 채용했고, 얼굴이 희고 말 수가 비교적 많은 사람을 보면 "오, 오!" 하고 채용을 하지 않았다. 상군이 점차적으로 수십만 명으로 늘어나자 모든 사람을 일일이 면접을 할 수는 없었지만, 각 병영의 장교급 병사는 모두 증국번이 파견하거나 허가했다.

증국번은 그 후 《빙감氷鑑》이라는 책을 남겼다. 이 책은 사람을 알아보고 사람을 쓰는 방법을 적은 책으로서 후세 사람들에게 하나의 모범이 되었다.

신하가 가장 두려워하는 것은 황제의 감정을 상하게 하는 일인데, 만약 '공적이 커서 주인을 놀라게 하거나, 재능이 뛰어나 주인을 압도하거나, 권력이 커서 주인을 속인다거나, 부자가 되어 주인의 상대가 되거나' 하는 네 가지 중의 어느 하나에 해당하게 된다면 속히 뒤로 물러남이 상책이다. 그렇지 못할 때는 좋지 않은 결과가 나타나게 된다.

　중국번은 "토끼가 죽고 나면 사냥개는 필요 없게 되어 주인에게 삶아 먹힌다"는 생존 법칙을 잘 알았던 것이다. 또한 그는 '황포천자의 예복를 몸에 걸치는 일'에 대해서는 감히 생각도 하지 않았는데, 그것은 "지네는 칼에 잘려 죽어도 꿈틀댈 뿐 자빠지지 않는다"는 이치를 알고 조대관복에 매는 허리띠를 바꾸는 일은 매우 위험하게 여겨 '물러남'을 선택했던 것이다.

　귀곡자는 말했다.

　"정신을 왕성하게 하려면 오룡五龍: 용의 왕성한 힘에게서 배워야 한다. 왕성한 정신 속에는 오기五氣: 사람의 오장의 기운가 있는데 정신을 그것으로 다스리고 마음은 그것으로 통하며 덕은 그것으로 사람에게 표현된다."

　중국번은 학문이 깊고 넓으며 더욱이 정기를 키우고 예기를 모을 줄 알았다. 또한 사람을 보면 식별할 줄 알고, 원기가 왕성했다. 뿐만 아니라 정신이 풍성하고 사유는 민첩하며 반영이 신속했다. 중국번은 인품이 훌륭한 사람으로서 중국 정통 관료들의 특별한 점들을 한 몸에 지녔을 뿐만 아니라 일부 중국 문인들의 품격도 한 몸에 지닌 사람이었다.

盛神法五龍. 盛神中有五氣, 神爲之長, 心爲之舍, 德爲之人.
성 신 법 오 룡　성 신 중 유 오 기　신 위 기 장　심 위 지 사　덕 위 지 인

정신을 왕성하게 하려면 오룡五龍: 용의 왕성한 힘에게서 배워야 한다. 왕성한 정신 속에는 오기五氣: 사람의 오장의 기운가 있는데 정신은 그것으로 다스리고 마음은 그것으로 통하며 덕은 그것으로 사람을 만든다.

　　　　　　　　　　　　　　　- 귀곡자 《본경음부칠술本經陰符七術》에서

# 군주에게도
## 하늘의 규율이 있다

 

 

소연蕭衍은 어렸을 때부터 부지런하고 박식하며 재능이 많았다. 그는 젊었을 때부터 항상 명망 있는 사람들과 교류하여 문단의 신진 작가들인 심약, 사조, 법운 등 7인과 함께 다녔다. 훗날 심약은 《송서》, 《제기》 등의 책을 냈고, 사조는 시인으로 당대에 이름을 드날렸다. 그래도 소연은 담력과 학식이 있었다.

소연이 몽주차사로 있을 때였다. 제나라에 내란이 일어나자 그는 군대를 일으켜 황제 자리를 빼앗고 양조梁朝를 건립했다. 소연은 38세에 왕으로 등극하여 86세에 세상을 떠났는데, 남조 군주 가운데 가장 수명이 길었다. 그는 재위 49년간 북위의 분열과 동위의 소멸을 친히 목격했고, 스스로 양조의 멸망을 초래했다. 소연이 무제의 자리에 오른 후, 초창기에는 통치를 매우 잘했다. 그는 유랑민들을 모집하여 농사를 짓게 했고,

둔전제를 실시했다. 몇 년간 국민의 부담을 줄이고 생활을 안정시켜 원기를 회복하게 함으로써 당시 강남 일대에 번영하는 양나라의 경상境上이 기름진 넓은 땅에 끝없이 펼쳐졌다. 그곳에 학교를 대대적으로 세우고 문文으로 나라를 다스렸다. 중국 역사에서 하나의 재미있는 현상이라면 자기가 황제가 되고 나라를 세운 사람을 가리켜 '노동모범'이라고 부른다는 것이다. 주야를 가리지 않고 한 사람이 몇 사람 몫을 하는데, 바로 양무제가 그러했다. 그는 제나라가 멸망한 교훈을 흡수하여 정무政務에 부지런하고 춘하추동을 가리지 않고 언제나 오경이면 일어나서 공문을 고치고 정리하는데 여념이 없었다.

겨울에는 손이 다 얼어 터질 정도였다. 그는 신하들의 진언을 광범위하게 받아들이고자 여러 사람의 의견을 청취했으며, 최대한 뛰어난 인재를 임용하고자 힘을 썼다. 문 앞에 두 개의 함을 두고, 하나에는 남을 비방하는 서신을 넣고, 다른 하나에는 심중의 말을 적은 서신을 넣도록 했다. 만약 공신이나 재능 있는 사람을 선발하지 않았다거나 공이 있어도 상을 주지 않았다는 내용의 서신이면 폐함肺函에 넣고, 일반 백성이 국가에 건의할 것이 있으면 방함謗函에 넣는 것이었다.

양무제는 근검절약으로도 유명했다. 사서에는 관 하나를 3년 동안 쓰고, 이불 하나를 2년간 덮었다고 기록되어 있다. 그는 입고 먹는 것에 대해 크게 따지지 않아서 옷은 몇 번이고 빨아서 입었다고 한다. 먹는 것은 주로 채소나 콩류였는데 그나마 하루에 한 끼 밥만 먹으면서 너무 바쁠 때는 죽으로 때웠다고 한다.

양무제는 세 차례나 동태사同泰寺: 양나라의 무제가 수도인 건강(建康: 현 南京)에 세운 사찰에 자신의 몸을 바친 적이 있는데, 대통원년527년에 갑자기 동태사에 가서 노예가 되어 승려들과 함께 생활하는 것을 대신들이 가서 되찾아왔다. 2년 후, 그는 또 사당에 갔으며, 태청원년547년에는 84세에 세 번째로 절에 들어가 한 달 남짓 머물러 또 한 차례 신하들이 가서 되찾아 왔다. 이렇게 해서 그가 소모한 금액이 4억 전錢이라고 한다.

양무제 말년인 548년에는 4년 동안이나 반란이 있었다. 반란을 일으킨 자는 투항한 양나라의 동위장령 후경이었다. 그래서 이 난을 가리켜 '후경의 난'이라고 부른다. 후경이 최후에 무장한 오백 명의 병사를 데리고 황궁에 들어가 양무제를 잡았는데, 이때 후경과 양무제 사이에 이런 재미있는 대화가 오고 갔다고 한다.

"소란을 피우고 있는 너의 처와 자식은 아직 북방에 있느냐?"

양무제가 후경을 보고 짐짓 정색을 하며 물었다.

이때 후경은 무서워서 온 얼굴에 비지땀을 흘리면서 어떻게 대답할지 몰라 했다. 보다 못한 옆의 부하가 그를 대신하여 대답했다.

"신의 아내와 아들딸은 모두 고 씨에게 피살되었고 지금은 오직 한 사람만이 폐하께 귀순했습니다."

그러자 양무제가 물었다.

"네가 강을 건널 때 병마가 얼마나 되었느냐?"

"천 명이었습니다."

후경이 대답했다.

"성을 공격할 때는 병사가 얼마였느냐?"

"10만이었습니다."

"그러면 지금은 몇 명이냐?"

"본국 영토 내에 얼마가 있는지 모르겠습니다."

후경이 대답했다. 마지막으로 양무제가 후경을 위로하며 말했다.

"그대는 조정에 충성하니 마땅히 부하들을 잘 단속하고 백성들에게 소란을 피우지 말라."

양무제의 말에 후경은 일일이 대답을 했다.

수경은 양무제를 만난 뒤 가까운 신하들에게 이렇게 말했다.

"나는 다년간 출정하여 전장에서 싸워봤지만, 이전에는 한 번도 겁내 본적이 없었다. 그런데 이번에 무제를 만났을 때는 그를 좀 무서워했는데, 참으로 천자의 위엄은 쉽게 침범할 수 없는 모양이다."

사실 그때 양무제는 이미 높고 깊은 덕행이 체현體現되어 있었다.

귀곡자는 말했다.

"군주에게도 하늘의 규율이 있으니, 태어나고 양육하며 이루어 저장하는 것을 범하거나 거역해서는 안 된다. 이것을 거역하는 자는 비록 한때 흥성하여도 반드시 최후에는 망한다."

귀곡자는 이것이 바로 군주가 나라를 다스리는 데 있어서 한 개의 기본 강령이라는 것을 밝히고 있다. 양무제 소연의 언행으로 볼 때, 그가 귀곡자가 말한 자연의 순리에 따랐기에 가히 훌륭한 황제였다고 부를 수 있다.

故人君亦有天樞, 生養成藏, 亦復不可干而逆之, 逆之者, 雖盛必衰.
고 인 군 역 유 천 추   생 양 성 장   역 복 불 가 간 이 역 지   역 지 자   수 성 필 쇠

군주에게도 하늘의 규율이 있으므로, 태어나고 자라며 이루어 저장하는 것을 범하거나 거역해서는 안 된다. 이것을 거역하는 자는 비록 한때 흥성하여도 반드시 최후에는 망한다.

- 귀곡자 〈지추持樞〉에서

# 제3장

# 기업 경쟁력 높이기

현대 문명은 사람의 수명은 길게 하고 제품의 수명은 짧게 한다. 제품의 경쟁 수명과 사용 수명을 명확히 인식해야 한다. 과학기술이 끊임없이 발전되고 소비자 수준 역시 끝없이 높아짐에 따라 제품의 수명도 갈수록 길어지지만, 반대로 경쟁 수명은 점점 짧아지고 있다. 그러므로 제품의 경쟁 수명을 길게 하려면 끊임없이 혁신하고 새로운 것을 창조하여 제품이 시장 경쟁력을 오랫동안 보유할 수 있도록 해야 한다. 경쟁력이 없는 제품은 시대의 폐품이다. 경쟁력만이 수명이다.

# 은밀하고 주밀한 성공 철학

1970년대, 복건성에 사는 쉬룽마오許英茂라는 청년이 홍콩에 발을 들여놓았다. 거리마다 인산인해를 이루고 있었다. 그는 오고 가는 사람들의 틈새로 낡은 차들이 겨우 빠져나가는 모습을 멍하니 바라보았다.

당시 쉬룽마오처럼 기회를 찾아 홍콩에 온 청년들이 수천 명에 이르렀다. 그들 대부분은 시간이 지나면서 종적을 감추었는데, 쉬룽마오 만은 가혹한 궁지에서 우뚝 일어섰다.

1989년 당시, 중국에서는 부동산 사업에 눈길을 돌리는 사람이 없었다. 그런데 쉬룽마오는 거금을 출자하여 자기 고향에다 여러 가지 항목들을 개발하여 부동산 사업에 온 정열을 쏟아부었다. 그는 이런 사업의 취지에 대해 이렇게 말했다.

"제가 이 부동산 사업을 하는 것은 폭리를 탐내서가 아니라 사업의 성취감에 대한 갈망 때문입니다."

쉬룽마오는 고향에 돌아온 후 부동산에 투자하기 전에 의류사업을 했다. 그러나 여기에는 많은 인원이 필요하고 업무량이 많은 반면 이윤은 적고 자기 상표 없이 외국 사업자들의 일을 대행하다 보니 사업에 대한 성취감이 없었다. 부동산 사업은 달랐다. 한 채 한 채 웅장하고 멋진 건물을 세워 도시를 아름답게 하고 시민들의 생활을 개선해 나가는 일에서 기쁨과 보람을 느낄 수 있었다. 그는 의류사업을 접고 부동산 사업에 뛰어들어 그렇게 20년을 계속했다. 부동산은 마치 우후죽순처럼 일어서는 산업이기에 속도가 우선이었다. 모든 개발업자들이 앞을 다투면서 땅을 가지고 거기에 자기 계획대로 시공을 했지만, 쉬룽마오는 달랐다. 그의 특기는 조용히 포석하는 것으로 남들이 그다지 주시하지 않는 곳에 부지불식간에 나타나 잽싸게 손을 써서 남들이 경탄할 만큼 일을 크게 벌이는 것이었다. 이러한 방법으로 그는 다른 사람들과 달리 엄밀한 사유와 특출한 안목으로 부동산 사업을 크게 발전시켰다.

그러던 어느 날 주식시장에서 상하이 완샹그룹이 적자로 인해 주식 가격이 바닥으로 곤두박질했다는 소식을 들었다. 쉬룽마오는 대다수의 투자자들과는 달리 완샹 지분을 대거 매입했다. 그의 이러한 움직임에 대해 많은 친구들이 혀를 내둘렀다. 완샹의 대주주가 된 그는 항원샹恒源祥과 같은 몇몇 우세한 자원을 뽑아냈는데, 이것이 바로 만샹 주식을 사들인 목적인 아니었을까 짐작했다.

시간이 지난 후에 쉬룽마오는 자신의 입장을 분명히 밝혔다. 만샹에 입주한 것은 사실상 만샹광장에 있는 남경로의 14만 평방미터의 땅 때문이었다는 것이다. 이 지역은 상해에서 가장 번화한 지역 중 한 곳이었다. 이 한 가지만으로도 쉬롱마오가 얼마나 수단이 노련하고 그 계획이 용의주도한지 분명히 알 수 있다. 그는 일단 눈으로 보고 마음에 드는 것이 있으면 어떻게 해서든 움켜쥐고 말았다.

"말은 서투르나 행동은 민첩하다"는 것이 쉬롱마오의 수완으로서 다만 '된다'는 것은 지나치게 신비롭고도 추측하기가 어려운데, 이것이 바로 그가 성공할 수 있었던 비결이었다.

귀곡자는 말했다.

"마음을 열고자 하면 주밀하게 해야 하고 닫고자 하면 세밀하게 해야 한다. 주밀하고 세밀함은 미묘함을 귀하게 여기니, 그렇게 해야 도道와 서로 합치하기 때문이다."

만약 한 사람이 큰일을 성사하려면 반드시 다각도로 모든 구석구석을 주의해야 한다. 저조底調로 거두어들이는 것이 큰일을 이룰 수 있는 근본이 된다. 쉬롱마오는 저조적이고 단속할 줄 알며 확고하고도 외유내강했기에 이익을 추구하고 재난을 피할 수 있어 일찍이 자기의 숙원을 실현할 수 있었다.

卽欲捭之貴周, 卽欲闔之貴密. 周密之貴微而與道相追.
즉 욕 벽 지 귀 주   즉, 욕 합 지 귀 밀   주 밀 지 귀 미 이 여 도 상 추

마음을 열고자 하면 주밀하게 해야 하고 닫고자 하면 세밀하게 해야 한다. 주밀하고 세밀함은 미묘함을 귀하게 여기니, 그렇게 해야 도道와 서로 합치하기 때문이다.

— 귀곡자 《벽합捭闔》에서

# 적은 것으로
# 큰 것을 노리는 장사 비결

사업을 할 때 일부 아이디어는 흔히 남들의 정보 속에서 나타나곤 한다. 귀곡자는 이렇게 말했다.

"지난날을 살펴서 오늘을 검토하고, 옛것을 알아서 오늘을 알며, 남을 알아내어 자기를 알아야 한다."

오늘날의 표현으로 바꾸자면, 거울로는 옷차림을 바르게 할 수 있고, 사람을 거울로 삼으면 득실을 알게 되며, 역사를 거울로 삼으면 성쇠를 알 수 있다는 의미로 해석된다.

세계적으로 유명한 기업 아마존의 창시자 제프 베로스는 30세에 모 금융회사의 부총재가 되었다. 그는 인터넷에서 우연히 '네트워크 사용자가 1년에 23배로 급속히 증가한다'는 정보를 접하고 나서 다니고 있던 직장 월가에서 나와 네트워크 회사를 창설했다. 그때 베로스의 최고 관심사는 네트워크를 통해 무엇을 팔 것인가 하는 문제였다. 그는 우선 20여 종류의 상품을 진열해 놓고 하나씩 도태시켜 나가다가 마지막으로 도서와 음악 관련 제품만 남긴 후 우선 도서를 팔기로 했다. 그는 분석 과정에서 전통적인 출판사는 소매상과의 업무 목표에서 서로 충돌하고 있음을 발견했다. 출판사는 모종의 도서에 대한 인쇄 부수를 예측하여 출판하지만, 실제로 도서가 시장에 풀리기 전에는 그 누구도 도서의 시장 수요량을 예측할 수 없었다. 그래서 출판사는 소매상들이 많은 부수를 예약하도록 부추기기 위해 재고를 반품할 수 있도록 허용했고, 소매상들은 마음 놓고 많은 부수를 주문하게 되었다. 이에 대해 베로스는 소매상들에게 따끔하게 충고했다.

"출판사가 모든 위험부담을 짊어졌으니 소매상은 반드시 시장 수요량을 예측해야 한다."

베로스는 경제활동에서 시장의 수요와 생산자가 서로 어긋나는 뿌리 깊은 병폐를 보게 된 그는 네트워크를 이용하여 상품 유통에 있어서의 중간 유통 단계를 생략하고 고객이 직접 생산자에게 주문하게 함으로써 소매량에 따라 생산량을 결정하게 했다.

4년이 지난 후, 베로스는 아마존을 창립했다. 초창기부터 기업 가치는 수백억 달러를 넘었고, 450만 명의 장기 고객을 확보해 나갔다. 그렇게 매월 매출액이 수억 달러에 이르렀고, 베로스는 세계적으로 이름을 날리는 젊은 슈퍼 갑부로 떠올랐다.

오늘날 온라인 쇼핑은 이미 우리가 시장을 돌면서 물건을 사는 것만큼이나 평범한 일상 쇼핑이 되었다. 아니, 오히려 온라인 쇼핑이 더 편리하고 훨씬 빠르다. 1996년 중국에 네트워크가 한창일 때 위위俞渝라는 사람도 융자에서 실천 경험에 의해 자기의 꿈을 모험에 투자하여 중국에서도 아마존과 같은 온라인 서점을 창설하리라는 희망을 가졌다.

"나는 중국 인터넷 네티즌이 300만 명이 되면 곧 온라인 도서 유통 사업을 시작할 것이다."

위위는 평소 이렇게 호탕하게 말했다. 그렇게 그녀는 기회를 엿보며 3년이나 기다렸다.

1999년 11월, 미국의 IDG, 일본 루안인, 중국 베이징문과경무회사로부터 공동 투자를 받아 끝내 온라인 서점을 개설했다. 네트워크 사업이 시작되었을 때는 모험투자와 출시가 전부였기 때문에 인터넷 경제를 '안구眼球경제'라고 부르기도 하고, 지전紙錢을 태우는 것에 비유하기도 했다. 사실 일을 하면서 적지 않은 돈을 태웠으나 전체 시장을 키운 공은 아무래도 '아마존'에 돌려야 할 것 같다.

이런 사실을 인식한 위위가 아마존의 보고서를 보게 되었는데, 거기에는 아마존의 소매 매출액이 매우 상세하게 적혀 있었다. 그것을 보고 위위는 이것이 바로 인터넷 경제의 정수임을 깨달았다고 한다.

전통적인 경제 방식의 변혁은 인터넷 속에서 더 많은 것을 얻게 한다. 만약 전통적인 생산형 기업이 정보를 팩스나 전화로 소통하던 방식에 인터넷 판매 방식을 더한다면 제품이 더욱 광범위하게 개방되면서 주문 처리 방식도 체계화될 것이다. 인터넷은 반드시 전통적인 업무공정, 정보공정, 정책결정과정 등을 발전시켜 주기 때문이다.

지금 위위의 온라인 상점은 중화권 독자들에게 20여만 종류의 도서를 제공하고 있다. 중국 도서 시장은 일찌감치 제패했으며, 자기만의 독특한 분

류 방식을 만들어 온라인 도서 구매 시장을 키우고 있다. 도서 외에도 음향·CD·게임·소프트웨어·인터넷 접속카드 등의 상품도 판매 중이다.

위위는 사업의 기회를 읽어내고 끊임없이 변화를 추구하며 완전한 시기를 목표로 하여 달려가다가, 최종적으로 유명 온라인 회사를 세우고 자기의 세력과 입지를 확고히 했다.

反以觀往, 覆以驗今. 反以知古, 覆以知今. 反以知彼, 覆以知己.
반 이 관 왕  복 이 험 금  반 이 지 고  복 이 지 금  반 이 지 피  복 이 지 기

지난날을 살펴서 오늘을 검토하고, 옛것을 알아서 오늘을 알며, 남을 알아버어 자기를 알아야 한다.

— 귀곡자 〈반응反應〉에서

# 신임은 성공의 전제다

　일본인은 기업 활동에서 임기응변을 좋아하는 반면, 계약 내용과 구속력
이 있는 합의서 또는 동의서 같은 것을 그리 좋아하지 않는다. 또한 사람은
믿어도 계약서는 잘 믿지 않기 때문에 일본인을 상대로 사업을 하는 사람
은 이 점을 알아두는 것이 좋다.

　일본인 사업가는 계약서를 쓰며 흥정하기를 싫어하고, 상대방이 성실하
고 믿을 수 있는가를 더 중시한다. 만약 일본인 사업가로부터 충분한 신임
을 얻었다면 그는 같이 일하는 것 자체를 공평하고 평등하게 여기기 때문
에 세세한 항목은 지나치게 캐지 않는 것이 좋다. 일본인 사업가는 같이 일
을 할 때 세부적인 문제를 놓고 쟁론하는 일이 적은 편이다. 사업 항목에
대한 담판에서 때로는 시간을 지연시키는 일도 있지만, 세부적인 것이 쌍방
에게 어떤 뜻밖의 사건에 대해 영향을 미치지는 않는다. 그들은 서로 신임

을 얻는 과정에서 일단 신뢰가 형성되면 그것을 오랫동안 유지하는 것을 중요하게 생각한다.

일본 상인의 관점에서는 이러한 신뢰가 상대방이 다른 사업가와 대리점주들로부터 최근에 이윤 획득을 포기한 것으로 인정한다. 그래서 만약 상대방이 압력에 부딪치거나 잠시 곤란할 때는 합의 조건을 원활하게 장악하고 서로 지지할 것을 원한다. 계약서는 수시로 고칠 수 있는 것으로 간주하기 때문에 그들의 계약서 끝에는 '수시로 고칠 수 있다'는 조항이 덧붙여지곤 한다.

합의나 계약에 대한 일본인들의 일반적인 태도는 그들이 법률과 변호사를 대하는 태도와 직접적인 관계가 있다. 유럽인이나 미국인은 법 개념이 비교적 명확하고 엄격하여 사업적인 담판을 진행할 때는 항상 변호사를 요청하여 참여하게 하거나 그들에게 자문하여 법률을 위반하는 일이 없도록 주의하는 것이 좋다.

그들은 담판에서 승리하려면 눈치가 빠르고 동작이 날쌔야 한다고 믿기 때문에 변호사를 통해 상대방으로부터 자기의 유리한 조건들을 접수하게 한다. 그러나 일본인 사업가는 사업적인 담판을 벌일 때 변호사를 부르는 것이 상대방을 불신하는 처사이고 비우호적인 태도라 여겨 변호사를 부르는 일이 흔치 않다. 심지어 쌍방 간에 다툼이 생겼을 때도 변호사에게 자문을 하지 않는다. 그렇다고 해서 일본인 사업가가 법률을 중시하지 않는 것은 아니다. 일반적으로 일본 회사에는 법률 전문가가 다 있다. 그들은 비록 '변호사 자격증'은 없지만 자기 회사의 법률문제에 대해서는 자격증을 가지고 있는 변호사보다 더 정통하다.

통계에 따르면 일본의 변호사 수는 약 15만 명이라고 한다. 이는 인구 비례로 따지면 여러 서방 국가보다 훨씬 적은 편이다. 왜냐하면 일본 사업가는 분쟁이 생겼을 때 경솔하게 소송을 걸어서 해결하려고 하지 않기 때문이다. 일본 정부 역시 개인 간의 분쟁은 법적인 과정을 거치지 않고 자기들끼리 알아서 처리하도록 권장하고 있다.

귀곡자는 말했다.

"그 뜻대로 할 수 있으니, 들어가고 싶으면 들어가고 나가고 싶으면 나아갈 수 있다."

즉 상대방의 뜻을 파악하게 되면 바로 주도권을 잡을 수 있고, 나아가고 물러나는 것을 자유롭게 할 수 있다는 것이다. 그러므로 일본인과 사업 합작을 할 때는 계약서 같은 것이 중요한 게 아니라, 신뢰 관계를 구축하는 것이 가장 좋은 선택이다. 실제로 일본인 사업가뿐만 아니라 변화무쌍하고 복잡다단한 각종 비즈니스에서 신뢰는 업무처리 과정에서 가장 중요한 기초가 된다.


用其意, 欲入則入, 欲出則出.
용 기 의  욕 입 즉 입  욕 출 즉 출

그 뜻대로 할 수 있으니, 들어가고 싶으면 들어가고 나가고 싶으면 나아갈 수 있다.

- 귀곡자〈버건(內揵)〉에서

# 미래를 대비하고
# 개기를 피하라

어떤 사람이든 핑계는 헤로인보다 더 심하게 사람들을 중독시키기 때문에 그것이 습관이 되다 보면 한 사람의 정신과 의지를 무디게 한다.

어떤 사람들은 여러 가지 핑계로 자신의 실패에서 벗어나려 하는데, 이러한 핑계도 점점 단계가 높아진다. 특히 궁지에 빠진 사람은 자연스럽게 이런 단계를 따라가다가 그 궁지에서 벗어날 수 없는 심연 속에 빠져 들어가게 되어 한평생 가난한 사람이 되고 만다.

천시陳曦는 창업을 세 번 만에 성공하여 2005년에는 중국 동양위성TV의 직장 리얼리티쇼 프로그램인 '창지영가創智贏家'에서 우승을 차지했다. 그는 18세에 대학을 졸업하고 첫 창업을 했다가 그 이듬해에 4백만 달러에 회사를 팔았다. 그러나 두 번째 창업에서는 실패했다. 회사의 임직원들은 젊은 사주를 몹시 불신하고 있었으며, 조직 체계도 지극히 복잡했다. 임직원들이 갖고 있는 주식에는 별 차이가 없었고 주주 총회 분위기는 극히 혼란스러웠다. 뿐만 아니라 직원 수가 많아서 매월 지급해야 하는 임금이 엄청났다. 더구나 이 회사에서는 그 누구도 천시의 말을 듣는 사람이 없었다. 결국 회사는 파산했고, 천시는 수백만 원의 빚을 떠안게 되었다.

두 번째 창업에 실패한 후 천시는 기가 꺾였다. 그러나 그는 낙담하지 않고 핑계거리도 찾지 않았다. 다만 제때에 경험을 매듭지었다.

'실패는 제품에 대한 전략과 업무 경영에 있는 것이 아니라 자본의 운용과 전략이 불투명하고 장기적인 계획이 분명하지 않은 데 있다.'

천시는 그렇게 생각하고 다시 대학에 들어가 공부를 시작했다. 이것은 그가 쉬면서 미래를 대비하고 재기를 꾀하는 준비 기간이 되었다.

2004년 천시는 세 번째 창업에 도전했다. 그는 상해에서 창망정보기술유한회사를 세우고 핸드폰과 게임기를 판매했다. 이번에는 실패를 교훈 삼아 충분한 준비를 했다. 그는 무엇 때문에 핸드폰 시장을 겨냥하게 되었는가, 어떤 종류의 핸드폰과 게임기를 판매할 것인가에 대해 꼼꼼히 연구하고 기획했다. 사실이 증명되었듯이, 회사는 날마다 번창했다.


귀곡자는 말했다.

"상황변화에 따라 일을 처리하고 계략에 통달하여 세밀하고 미묘한 것을 미리 알아야 한다."

성공을 추구하는 과정에서 뜻대로 되지 않는 일이 늘 있게 마련이다. 이런 경우는 흔히 자신의 한계와 판단 착오에서 기인한다. 그러므로 제때에 '균열을 미리 차단하는 방법을 배워 전략을 세우고 작은 위험을 미리 예견

함으로써 더 큰 착오가 일어나지 않도록 방지해야 한다.

부자가 되는 길은 먼 데 있는 것이 아니다. 천시처럼 '저희술抵巇術'을 배워 창업을 하면 성공의 길은 점점 가까워지고 더욱 넓게 펼쳐질 것이다.

因化說事, 通達計謀, 以識細微.
인 화 설 사  통 달 계 모  이 식 세 미

상황변화에 따라 일을 처리하고 계략에 통달하여 세밀하고 미묘한 것을 미리 알아야 한다.

- 귀곡자〈저희抵巇〉에서

# 병의 증세에 따라 처방하라

귀곡자는 말했다.

"칭찬으로 상대방을 꼼짝 못하게 한다. 구겸지사는 유세하는 말로서 상황에 따라 다르게 사용해야 한다."

이것은 상대방의 비위를 맞추어야 한다는 '비겸술飛箝術'인데 특히 소매업에서 효과적으로 사용할 수 있다. 비즈니스 경쟁에서 경영자가 시장의 동향과 소비자의 심리를 잘 파악한다면, 소비자의 신임을 얻을 수 있고 거래가 순조롭게 이루어질 수 있기 때문이다.

미국의 한 맥주회사가 불경기에 처했을 때 다른 한 회사가 이 회사를 매입했다. 그 새로운 회사의 지도자들은 시장조사를 충분히 한 뒤 전략적으로 크게 구조조정을 하고 최종적으로 소비대상을 남자로 확정했다.

맥주회사에서는 직장인 중 몇 사람을 선택하여 직장인들이 가장 잘 알고 있는 TV에 광고를 했다. 뿐만 아니라 노동자들이 가장 즐겨 보는 스포츠 방송 시간에 광고를 내보냈다. 광고를 방송할 때 직장인들을 격려했고, 직장에서 열심히 일하고 나서 자기 회사에서 생산한 맥주를 마시면서 즐겁게 이야기하는 장면을 보여주었다. 이런 광고가 나가자 많은 직장인들이 호감을 보였고, 맥주 판매량이 부쩍 늘어났다. 그 후 빠른 속도로 맥주시장을 점유하면서 지금까지의 손실을 만회하고 이익을 증대시켜 결국 업계 1위의 자리를 차지하게 되었다. 이 회사는 직장인들이 맥주를 그다지 즐기지 않는다는 점을 파고들어 그들이 우선 맥주라는 음료에 호감을 갖도록 했다. 이로 인해 이 회사에 대한 신뢰도가 높아지면서 '죽었던 맥주'가 되살아나게 된 것이다. 이것이 바로 소비자를 비유하여 말한 귀곡자의 '비겸술'이다. 그 출발점은 바로 고객들이 심리적으로 즐겁게 받아들이도록 하는 것이었다.

흔히 고객들은 판매원을 보면 긴장하거나 경계하는 심리가 있기 때문에 판매원이 곧장 본론으로 들어가면 그들은 호감을 가질 수가 없다. 고객들은 일반적으로 자기가 존중받기를 원하고, 남들이 자기가 즐기는 것들을 이야기하는 것을 좋아한다. 판매원은 이 점을 고려하여 출발점을 고객들이 좋아하는 지점에서부터 시작해야 한다.


몇 년 전, 미국 피츠버그에서 한 차례 전국 우수 세일즈맨 대회를 개최했다. 그곳에서 쉐보레 자동차 회사의 공공관계를 전담한 윌리엄 씨가 이렇게 말했다.

"언젠가 집 한 채를 사려고 어느 부동산 소개업자를 찾아간 적이 있었습니다. 그는 총명하기 이를 데 없는 사람이었는데, 이야기를 나누는 중에 그는 내가 수수료를 지급할 뜻을 가지고 있다는 사실을 알아차렸고, 숲이 딸린 집 한 채를 사려고 한다는 것까지 알게 되었습니다. 그는 잠시 후 차를 몰고 와서 나를 태우고 어느 집의 후원으로 데리고 갔습니다. 그 집은 매우 아름다웠고 작은 숲과 인접해 있었습니다. 그는 나에게 이렇게 말했습니다. '보세요. 정원에 나무가 모두 열여덟 그루 있습니다.' 나는 그에게 '나무가 좋네요!'라는 말만 하고 집값이 얼마냐고 물었습니다. 그는 집값은 미지수라고 대답하며 어물쩍 넘겨 버렸습니다. 내가 재차 집값을 묻자 부동산업자는 '한 그루, 두 그루. 세 그루…' 하면서 나무를 세기 시작했습니다. 최종적으로 나는 그와 집값 흥정을 끝냈습니다. 집값이 싸지는 않았지만, 열여덟 그루의 나무가 있었기 때문입니다."

이야기를 마친 윌리엄 씨는 이어 이야기했다.

"이것이 바로 판매입니다. 남의 비위를 맞추는 일은 그리 어려운 것이 아닙니다. 단지 세심히 관찰하고 상대방이 무엇을 원하는지를 알아낸 다음 병의 증세에 따라 처방하면, 상대방의 우려와 심리적 방어선을 제거할 수 있고, 이로부터 상대방을 제어할 수 있어 상대방이 나를 위해 움직이게 됩니다."


飛而箝之. 鉤箝之語, 其說辭也, 乍同乍異.
비 이 겸 지   구 겸 지 어   기 세 사 야   사 동 사 이

칭찬으로 상대방을 꼼짝 못하게 한다. 구겸지사는 유세하는 말로서 상황에 따라 다르게 사용해야 한다.

- 귀곡자 〈비겸飛箝〉에서

# 추세에 따라
# 계책도 달라져야 한다

지구촌에서 KFC와 맥도널드의 경쟁 구도를 보면 도저히 싸움이 되지 않는다고 할 수 있을 정도로 맥도널드가 우세하다. 그런데 유독 중국에서만은 KFC의 가맹점 수가 맥도널드의 두 배를 차지한다. 그 이유가 무엇일까?

20년 전 KFC의 중국 사업부 총재인 쑤징스蘇敬軾가 귀국했을 때였다. 당시에는 중국 내 KFC 매장이 겨우 네 군데밖에 없었다. 그런데 20년 만에 600배인 2600여 개가 되었다.

쑤징스는 이렇게 말했다.

"중국에 돌아온 그날부터 대추를 통째로 삼키듯이 외국에서 경험한 것을 그대로 할 것이 아니라, 중국인의 생활에 적용하는 것, 그것이 KFC의 총체적인 전략이다."

1987년, 중국에서 KFC 매장이 처음 문을 열었을 때는 메뉴가 닭다리 튀김과 감자튀김 등 여덟 가지밖에 없었다. 그러나 지금은 고객들의 입맛에 맞추어 52종으로 늘어났다. 어떤 사람은 KFC의 성공은 시기를 잘 탔고, 중국의 광활한 시장이 더 많은 이윤 공간을 제공했기 때문이라고 말한다. 쑤징스는 그 점을 부인하지는 않았지만, 그보다 더 중요한 것은 KFC가 중국화 전략을 추진했기 때문이라고 했다. 뿐만 아니라 KFC 중국화 전략은 음식에만 국한시킨 것이 아니라 관리 인원들의 중국화가 가장 중요한 돌파구였다고 말한다.

KFC가 중국에 처음 진출할 때, KFC 고위층에서는 심혈을 기울여 준비했다. 우선 다른 지역에서 미국 인스턴트에 대해 깊이 연구한 아시아 혈통의 사람들을 초청하여 그들로 하여금 이 사업을 주관하게 했다. 그러나 쑤징스가 중국에 나타나면서부터는 쑤징스가 배경으로 갖고 있는 동양문화와 서양교육의 요소에 미국식 스낵과 중국 전통음식 문화를 완전히 하나로 결합시켜 중국 소비자들의 입맛을 사로잡았다.

쑤징스는 음식 외에도 현지화를 중시해 중국 내지인들을 주로 채용했다. 그들은 외국인들보다 중국 시장을 더 잘 알고 있었고, 그들이 제출한 일련의 시장 전략과 그 전략을 구사하는 방법이 소비자들의 구미에 더 적합했다. 지금도 KFC의 중국화 전략은 진행 중이다.

2005년, 쑤징스는 KFC와 전국적으로 이름을 떨치고 있는 쇼우 페이양小肥羊: 살찐 어린 양의 고기과의 합작을 계획했다. 이보다 한참 전에 그는 완전히 중국화한 새 상표인 둥팡지바이東方既白를 창립했다.

둥팡지바이를 창립한 지 겨우 3년밖에 되지 않은 짧은 기간 동안, 사람들은 활력과 시장 잠재력을 보았다. 현재 둥팡지바이는 상해에서 시작하여 이미 북경까지 뿌리를 내렸다.


귀곡자는 말했다.

"무릇 통합하고 등을 돌리는 두 가지 추세가 있는데, 거기에 부합하는 계책이 있어야 한다. 두 가지 추세는 둥근 고리처럼 서로 맞물려 돌아가기 때문에 각각의 추세에 따라 계책도 달라져야 한다."

즉 모든 사물의 발전 변화는 마치 둥근 원과 같이 순환하며 이어지고, 또 모든 발전 단계는 자기의 구체적인 정황과 변화하고 바뀌는 방식이 있다는 것이다. 쑤징스의 지혜가 바로 그와 같다. 그는 새로운 시장에 진입할 때, 시장에 대한 안목과 표준으로써 자기를 가늠해 보고 규범화했다. 이 혼란한 비즈니스 세계에서 자기만의 사업의 가닥을 잡으려면 쑤징스가 그러했듯이 끊임없이 변화하는 주위의 정보를 발 빠르게 수집하고 시장의 변화 발전에 바짝 따라가야 한다.


凡趨合背反, 計有適合, 化轉環屬, 各有形勢.
범 추 합 배 반  계 유 적 합  화 전 환 속  각 유 형 세

무릇 통합하고 등을 돌리는 두 가지 추세가 있는데, 거기에 부합하는 계책이 있어야 한다. 두 가지 추세는 둥근 고리처럼 서로 맞물려 돌아가기 때문에 각각의 추세에 따라 계책도 달라져야 한다.

- 귀곡자 〈오합忤合〉에서

# 재치 있는 말이
# 마음을 사로잡는다

사라는 심리학을 공부하고 옷가게를 경영하고 있었다. 그녀의 옷가게에 한 청년이 찾아왔다.

"이 가게에서 가장 눈에 띄는 예복으로 한 벌 주세요. 나는 그 옷을 입고 케네디센터에 가서 보는 사람마다 두 눈이 휘둥그레지게 할 겁니다."

그러자 사라가 대답했다.

"여기 그런 옷이 한 벌 있습니다. 그런데 이 옷은 자존감이 결핍된 사람들을 위해 준비해 둔 것이랍니다."

옷을 보여주며 사라가 말했다.

"자존감이 결핍된 사람이오?"

"네. 어떤 사람들은 이런 옷을 입고 자기의 부족한 자존감을 가린다는 사실을 모르세요?"

사라의 말을 듣고 청년이 화를 내며 말했다.

"나는 자존감이 부족한 사람이 아닙니다!"

"그럼 당신은 무엇 때문에 이 옷을 입고 케네디센터에 가서 사람들로 하여금 두 눈이 휘둥그레지게 하려는 겁니까? 사람들의 시선을 끌고 싶은 것은 옷이 아니라 자기 자신 아닙니까? 보아하니 당신은 외모도 멋지고 매력이 있는데 왜 그것을 가리려 하지요? 당신에게 이 옷을 팔 수는 있습니다. 만약 이 옷을 입고 거리에 나서면 사람들은 걸음을 멈추고 당신을 바라볼 겁니다. 그럼 사람들이 바라보는 것은 옷일까요, 당신의 인격일까요?"

사라의 말을 듣고 있던 청년이 대답했다.

"그러네요. 내가 무엇 때문에 돈을 써 가면서 그런 옷을 입으려고 했을까요? 정말 최근 몇 년 동안 줄곧 자존감을 잃고 살았는데, 나는 그것을 의식하지 못한 채 그냥 지내왔습니다. 이번 일로 사장님께 깊이 감사드려야겠습니다."

사라는 그 청년에게 비록 옷을 팔지 못했다. 그러나 그녀의 옷가게는 고객들로 가득하다. 그 고객들의 대부분은 그 청년처럼 이전에 사라에게 구매를 거절당했던 사람들이었다. 이렇게 다시 찾아온 고객들 덕분에 사라의 옷가게는 날마다 문전성시를 이루었다.

사라의 경영 기법은 고객중심 경영으로서, 고객들의 심리를 잘 파악하고 고객들의 입장에서 그의 필요를 채워줬기에 고객들로 하여금 자기에 대해 신뢰감을 갖게 하는 것이었다. 주도권을 항상 자기가 가지고 고객들이 스스로 따르게 하여 한 걸음 한 걸음 나아가는 것. 그것이 사라가 성공한 비결이었다.

사람들의 말을 듣고 그들의 심리를 파악하고자 할 때 다음 몇 가지를 좀 더 생각해 보는 것이 좋다.

첫째, 연령 차이를 고려한다. 젊은이들에게는 격려하는 언어를 쓰고, 중년 고객들에게는 이해관계를 밝혀주며, 노인들에게는 상의하는 말로 하되 될 수 있으면 존경을 표시한다.

둘째, 지역 차이를 고려한다. 다른 지역에 사는 사람들에게는 말하는 방식도 달라야 한다. 이를테면, 북부지역의 사람들에게는 통쾌한 말로 하고, 남부지역 사람들에게는 세심하고 부드럽게 하는 것이다.

셋째, 직업적인 차이를 고려한다. 상담을 할 때는 상대방이 갖고 있는 전문지식과 관련된 어휘들을 사용한다. 그러면 당신에 대한 상대방의 신뢰감이 높아진다.

넷째, 성격 차이를 고려한다. 만약 상대방의 성격이 활달해 보이면 단도직입적으로 말하고, 상대방의 성격이 원만해 보이면 좀 천천히 자세하게 말하고, 조심스럽고 의심이 많은 사람 같으면 의견을 표명하지 않고 가만히 있어야 의혹이 자연스럽게 사라진다.

다섯째, 문화의 차이를 고려한다. 일반적으로 문화 수준이 낮은 사람에게는 간단하고 명확하게 하며, 구체적인 숫자와 예를 들어서 말해준다. 반대로 문화 수준이 높은 사람에게는 추상적인 것으로 설명한다.

여섯째, 취미와 기호를 고려한다. 상담을 할 때, 상대방의 취미나 애호하는 것을 화제로 하면 상대방의 관심을 불러일으킬 수 있어서 무심결에 상대방에 대한 호감이 생겨서 일을 처리하는 데 좋은 기초가 된다.

귀곡자는 말했다.

"깊은 곳을 헤아리고 속사정을 파악한다."

상대방이 처한 객관적인 정황과 그의 의지를 파악하려면 임기응변에 능해야 한다. 이것은 마치 연애를 하는 것과 같다. 모르는 것에서 아는 것으로, 아는 것에서 모르는 것으로 한 걸음 한 걸음 나아가는 사이에 서로 정이 흐르고 뜻이 맞게 된다.

測深揣情.
측 심 췌 정.

깊은 곳을 헤아리고 속사정을 파악한다.

- 귀곡자 〈췌정揣情〉에서

# 남이 변화하면
# 나도 변화해야 한다

변화무쌍한 세상에서 남들은 모두 변화하는데 나만 변화하지 않으면 남들의 디딤돌이 되고, 환경은 변했는데 나는 변화하지 않으면 결국 비참하게 도태되고 만다.

1930년 일본의 어느 초가을 아침. 키가 겨우 145센티쯤 되는 한 청년이 공원의 한 벤치에서 일어나 서둘러 직장으로 출근을 했다. 그는 방세를 내지 못해 두 달 전부터 공원 벤치에서 잠을 자고 있었다. 그는 한 보험회사의 판매원이었는데, 부지런히 일을 해도 수입이 적어 셋방도 얻지 못하는 처지인 데다가 매일 짜증이 날 정도로 여러 사람의 얼굴을 보아야 했다.

어느 날, 청년은 한 절에 가서 주지에게 보험 상품을 소개하면서 보험에 들면 좋은 점들을 설명했다. 늙은 주지는 그의 말을 참을성 있게 들고 나서 조용히 말했다.

"자네 설명을 다 들었는데도 보험에 들어야겠다는 마음이 조금도 생기지 않네. 상대방을 설득하려면 반드시 강렬하게 빨아들이는 흡인력이 있어야 하네. 그러지 못하면 자네의 미래에 대해서 그 어떤 말도 할 수가 없네."

절에서 나온 청년은 걸으면서 늙은 지주의 말을 되새겨 보았다. 그때 그에게 어떤 깨달음이 왔다. 그는 바로 자기에 대한 '비평회'를 조직하여 자기 동료나 식사를 함께하는 손님들에게 자기의 결점들을 지적해 줄 것을 부탁했다.

"당신은 성격이 너무 급해서 늘 참지 못 하고…."

"당신은 항상 자기만 옳다고 하면서 남의 의견을 듣지 않고…."

"당신은 각양각색의 사람들을 상대해야 하는 사람입니다. 그러려면 상식이 두루 풍부해야 하니까 공부를 더 열심히 하세요. 그런 다음 고객들과 통할 수 있는 공통의 화제를 찾아 그들과의 거리를 가까이 좁혀 보세요."

청년은 귀에 거슬리는 이런 충고들을 일일이 메모했다. 한 번씩 비평회를 거칠 때마다 묵은 옷을 한 꺼풀씩 벗은 느낌이 들곤 했다. 그는 그렇게 수차례의 비평회를 통하여 자기 몸에 있던 나쁜 근성을 하나하나 벗겨냈다. 동시에 그는 표정이 풍부한 서른아홉 종류의 웃는 얼굴을 만들어 내어 거기에 나타나는 심정과 의미를 표현하고 전달하는 법을 거울 앞에 서서 반복적으로 연습했다.

1939년, 그의 매출 실적이 전 일본에서 최고가 되었다. 1948년부터는 15년 연속 전 일본에서 최고의 매출 실적을 유지했다. 그리고 1968년에는 미국 백만달러 원탁회의MDRT의 종신회원이 되었다. 일본 국민들은 그에게 '백만 달러의 웃는 얼굴을 연출해 낸 좀생원'이라는 칭호를 붙여 주었다. 미국의 한 저명한 작가는 그를 가리켜 이렇게 말했다.

"세일즈맨의 대사 하이라치헤이原一平는 세계에서 가장 위대한 세일즈
맨이다."

귀곡자는 이렇게 말했다.

유세할 때 상대방으로 하여금 자기 말을 듣게 하려면 정서에 부합해야
한다. 그래서 '정서에 부합하면 듣는다'라고 하는 것이다. … 그 사람과 같
은 부류가 되어 어루만지는데 어찌 서로 호응하지 않는 자가 있겠으며, 그
사람과 같은 욕망을 가지고 어루만지는데 어찌 듣지 않는 자가 있겠는가.
남들로 하여금 완전히 자기의 의견을 듣게 하려면 반드시 상대방을 자세히
탐구하여 그 사람의 뜻에 맞아야 쌍방의 뜻이 서로 통하여 말을 듣게 된다.

說者聽必合於情, 故曰, 情合者聽. … 摩之以其類, 焉有不相應者, 乃摩之
설 자 청 필 합 어 정  고 왈  정 합 자 청    마 지 이 기 류  언 유 불 상 응 자  내 마 지
以其欲, 焉有不聽者.
이 기 욕  언 유 불 청 자

유세할 때 상대방으로 하여금 자기 말을 듣게 하려면 정서에 부합해야 한다. 그
래서 '정서에 부합하면 듣는다'라고 하는 것이다. … 그 사람과 같은 부류가 되어
어루만지는데 어찌 서로 호응하지 않는 자가 있겠으며, 그 사람과 같은 욕망을
가지고 어루만지는데 어찌 듣지 않는 자가 있겠는가.

- 귀곡자 〈마의摩意〉에서

# 투자는 신중하게 생각하라

주식투자는 가장 좋은 재테크의 하나라고 하지만, 하룻밤 사이에 벼락부자가 될 생각은 버려야 한다.

한 무역 회사의 사장인 여 씨는 이미 자산이 몇천만 원에 이르렀지만, 자기가 집안을 일으킨 과정을 생각하면 자부심이 느껴지는 한편 가슴이 쓰렸다.

몇 년 전 그는 출장을 갔다가 사람들이 주식에 열광하는 것을 보게 되었다. 그 이후로 그는 사방으로 돌아다니면서 증권거래 상황을 물어보았다. 당시에는 많은 사람들이 주식에 관심을 보일 때라서 물어보는 게 그리 어렵지 않았다. 그때 어떤 사람으로부터 이런 이야기를 듣게 되었다.

"최근에 새로운 주식을 발행한다는데 새로운 주식이 어떤 것인지 몰라서 소식만을 기다리고 있습니다."

사람마다 주식에 눈독을 들이고 있으니 반드시 돈은 벌 수 있을 것이다. 그러나 이렇게 열광적으로 주식을 사들이는 분위기에서는 근본적으로 주식을 발행할 방법이 없었다. 그러자 정부에서는 주식구매신청 증명서에 따라 새로운 주식을 발행하기로 했다. 발행 방법은 전 사회를 대상으로 하여 주식구매신청 증명서를 판매하는 방식이었다. 증명서 한 장 당 가격은 30위안 정도 했는데, 공급이 충분해서 줄을 서서 기다릴 필요도 없고 지정된 판매점도 없었다. 또 판매 기간 내에는 어느 때고 수시로 살 수 있었다.

그러나 주식구매신청 증명서가 있다고 해서 주식 구매권이 있다고는 할 수 없다. 그것은 구매신청 증명서가 팔려나간 수량과 새로운 주식의 비율에 근거해서 추첨을 해야 하고 당첨된 비율은 공포하지 않기 때문이다. 이것은 거울 속의 꽃과 같고 물속의 달과 같았지만, 일주일 사이에 무려 207만 장이나 팔려나갔다.

근본적으로 당첨률을 모르기 때문에 가능하게는 돈이 물에 떠내려갔을 수도 있었다.

'만약 그렇게 되면 빌린 4000위안을 어떻게 한다?'

생각이 많은 여 씨는 가지고 있는 돈을 3등분해서 1000위안은 생활비와 여비로 쓰고, 빌린 4000위안은 쓰지 않고 있다가 만약 당첨이 안 되면 집에 돌아가서 빚을 갚고, 2000위안이 안 되는 나머지 돈으로 구매신청 증명서를 사기로 결정했다. 그리하여 그는 다음날 66장의 구매신청 증명서를 샀다. 그리고 나서 그럭저럭 며칠이 지났다. 하루가 다르게 비용이 늘어나 쓰지 않기로 한 4000위안을 헐어야 할 지경에 이르렀다. 아직 일주일이나 추첨일이 남아 있을 때였다. 며칠 동안 라면으로 끼니를 때우던 여 씨는 더 이상 참을 수가 없어서 근처에 있는 자그마한 음식점에 가서 혼돈자<sub>물만두</sub>의 일종 두 사발로 배를 채웠다. 그때 옆자리에 앉은 사람들이 번호가 연이어진 구매신청 증명서 10장을 암시장에서 7000위안가량을 주고 팔았다는 이야기를 듣게 되었다. 순간 여 씨는 잠깐 마음이 흔들렸지만, 그래도 일단 구매신청 증명서를 가지고 돈을 벌 수 있는 기회에 일부를 팔 수는 없다고 생각했다.

그 이튿날 여 씨는 교역소에 갔다. 그가 들어가자 입도 열기 전에 어떤 사람이 곁에 와서 구매신청 증명서가 있느냐고 물었다. 여 씨는 그와 한참 동안 흥정을 한 끝에 1만 3000위안에 10장을 팔았다. 세 번째 되는 날 오전에도 교역소에 갔는데, 추첨일이 아직 3일이나 남아 있다는 것이었다. 그날 여 씨는 뜻밖에도 어떤 사람에게 14만 위안의 가격에 남은 50장의 구매신청 증명서를 몽땅 팔았다. 나머지 6장은 번호가 연이어지지 않고 '끊어진 번호'라서 한 장에 200위안씩 팔았다.

그날 저녁, 여 씨는 호화로운 호텔로 자리를 옮겼다. 자그마치 15만 5000위안! 대학을 졸업한 지 1년도 안 되는 그에겐 천문학적인 숫자였다.

이튿날 항공편으로 돌아와 바로 은행으로 갔다. 여 씨는 그 돈을 밑천으로 1994년도에 다니던 회사를 그만두고 의류회사를 설립했다.


귀곡자는 말했다.

"옛사람의 말에 '입으로 (마음대로) 먹을 수는 있으나 (마음대로) 말할 수는 없다'라고 했다. 말에는 꺼리고 피해야 하는 것이 있다는 것이다."

일상생활에서도 말이 많으면 쓸 말이 적다고 했다. 일을 할 때도 이와 마찬가지다. 신중하게 일을 처리하는 것은 보다 큰일을 하는 데 있어서 근본이 된다. 주식도 하나의 재테크 방식이지만, 여 씨처럼 하룻밤 사이에 벼락 부자가 되는 경우는 극소수이다. 주식시장에서의 수數의 변화는 소털처럼 많다. 특별하게 비범한 실력과 안목이 없다면 주식에 투자하기 전에 반드시 두 번, 세 번 더 생각하고 신중하게 하는 것이 최선의 방책이다.

古人有言曰, 口可以食, 不可以言. 言者, 有諱忌也.
고 인 유 언 왈  구 가 이 식  불 가 이 언  언 자  유 휘 기 야

옛사람의 말에 '입으로 (마음대로) 먹을 수는 있으나 (마음대로) 말할 수는 없다' 라고 했다. 말에는 꺼리고 피해야 하는 것이 있다는 것이다.

– 귀곡자〈양권量權〉에서

# 부자가 되는 비결

시골뜨기 가난한 총각 가오더캉高德康이 억만장자가 되었다. 사람들이 그에게 어떻게 그런 부자가 되었느냐고 물으면 그는 빙그레 웃으며 이렇게 말했다.

"그 어떤 비결도 없습니다. 다만 좋은 기회를 놓치지 않았을 뿐입니다."

사실 좋은 기회를 놓치지 않고 잡기란 간단한 일이 아니다. 또한 좋은 기회를 만나는 것 역시 그리 쉽지 않다.

처음에 가오더캉은 하청을 받아 옷을 만들어주는 의류사업을 했다. 그러다 보니 그는 점차 오리털 옷을 만드는 것이 대박 나는 장사가 될 것이라는 생각이 들었다. 1980년대에는 가죽재킷이 유행하고 있어서 오리털 옷은 의류시장에서 그다지 인기를 끌지 못할 때였다. 그러나 가오더캉은 이렇게 생각했다.

'현재 소비자들의 생활수준이 그리 높지 않기 때문에 모든 사람이 멋진 가죽 재킷을 사 입을 수는 없을 것이다. 물론 오리털 옷이 계절 의상이기는 하지만 수요량은 많을 것이기 때문에 맵시 있게 모양을 약간 고쳐서 내놓으면 시장은 매우 넓을 것이다.'

가오더캉은 하청받은 옷들을 계속 만드는 한편, 시간이 나는 대로 오리털 옷을 만드는 기술을 배우고 연구했다. 이후 공백상태에 있던 시장에 상품을 내놓자 영업이익이 급상승했다.

그 전에 가오더캉이 하청을 받아서 만든 옷은 '슈스덩'이라는 상표였는데, 이것은 그 회사 사장이 미국의 '휴스턴'의 음을 따서 지은 이름이라고 했다. 가오더캉도 미국의 도시 이름인 '보스턴'의 음을 따서 '보스덩波司登'이라고 지었다. 보스톤이 겨울에 추운 도시이기 때문에 소비자들이 그곳의 추운 겨울을 생각하며 자기 옷을 골랐으면 하는 마음에서였다.

가오더캉은 자기 상표를 출원한 후 대량생산을 시작했다. 얼마 지나지 않아 수요를 따라가지 못할 정도로 그의 상품은 베스트셀러가 되었다. 그러나 달도 차면 기운다고 오리털 의류 사업에 막대한 이윤이 붙자, 오리털 옷을 만드는 공장들이 늘어나기 시작했고 점차 포화상태가 됐다. 오리털 옷을 만드는 공장들도 잇따라 적자가 났다. 이런 상황에서 가오더캉 역시 23만 장의 상품 가운데서 겨우 10만 장밖에 팔지 못했고, 나머지 옷들은 그대로 창고에 쌓여갔다. 은행에서는 대출금을 갚으라는 독촉장이 쉴 새 없이 날아왔다. 가오더캉은 혼자 고스란히 위기를 떠안게 됐다.

시장이 갑자기 냉각상태에 빠졌을 때, 가오더캉은 한 차례 미국으로 시장 조사를 떠나기로 했다. 떠나는 도중에 베이징 왕푸징백화점 책임자의 전화를 받았다.

"우리 백화점에서 당신의 오리털 옷을 사들여서 6월 말까지 바겐세일을 하려고 합니다."

바겐세일이라는 말은 싸게 사들이겠다는 뜻인데 당시 가격으로 장당 180~200위안. 많아 봤자 220위안이었다.

"당신이 거절하면 다른 사람에게 주문할 겁니다."

터무니없는 가격이었지만, 왕푸징백화점 책임자의 말을 듣고 가오더캉은 어떻게 해서든지 가겠다고 대답했다. 가오더캉은 귀국하자마자 왕푸징백화점에 2500장의 옷을 보냈다. 선양瀋陽의 중신中信에서도 상당량의 옷을 대리 판매해 주었다. 이렇게 하여 대출금은 모두 갚을 수 있었지만, 여전히 회사는 적자였다. 많은 사람들이 그렇게 팔면 밑지는 장사라고 말려도 가오더캉은 이것이 자기 회사의 상표를 널리 알릴 수 있는 기회라고 여겼다. 그는 위기에서 벗어나기 위해 자사 제품의 결함들을 꼼꼼히 분석했다. 이를테면 디자인이 단조롭고 유행에 뒤떨어진 것, 색상이 화사하지 않고 어두운 것, 원단의 질감이 좋지 않은 것 등등이었다. 가오더캉은 이런 결함들을 개선하기 위해 많은 자금을 들여 기계를 새로 들이고, 현대 유행에 따라 아름다운 색상, 세련된 디자인, 가벼우면서 보온성이 뛰어난 신제품을 생산했다.

신제품의 출시를 하루 앞둔 날 밤, 가오더캉은 잠을 이룰 수가 없었다. 다행히도 그의 피나는 노력과 수고는 그를 배반하지 않았다. 새 옷은 시장에 내놓자마자 좋은 반응을 불러일으켰다. 그해 60만 장이 팔려나가면서 판매액이 급신장했다. 이로써 가오더캉의 제품은 중국 시장에서 일류상품이 되었고, 그는 억만장자의 대열에 진입했다.

귀곡자는 말했다.

"거사할 때는 사람을 제어하는 것을 귀히 여기고 남에게 제어당하는 것을 피해야 한다. 사람을 제어하는 자는 권력을 잡지만, 제어당하는 자는 운명까지 제어당하게 된다."

가오더캉은 자신이 기선을 잡아 남을 통제하고 남의 통제에서 벗어나 자신이 자기의 운명을 주도하면서 시기적절하게 창조하고 발전시켰기 때문에 큰 성공을 거둘 수가 있었다.


事貴制人, 而不貴見制於人. 制人者, 握權也, 見制於人者, 制命也.
사 귀 제 인  이 불 귀 견 제 어 인  제 인 자  악 권 야  견 제 어 인 자  제 명 야

거사할 때는 사람을 제어하는 것을 귀히 여기고 남에게 제어당하는 것을 피해야
한다. 사람을 제어하는 자는 권력을 잡지만, 제어당하는 자는 운명까지 제어 당하
게 된다.

- 귀곡자 〈모려謀慮〉에서

# 이해득실은 선택을 수반한다

어느 날, 타이지디엔臺積電: 영어 약자 TSMC로 씀 이사장 장중머우張忠謀 앞으로 한 통의 편지가 왔다. 편지의 내용은 아들이 감원되어 내려왔는데, 한 번만 봐 달라는 간절한 부탁이었다.

장중머우가 편지를 읽고 알아본 결과, 며칠 전에 일부 직원들이 자원해서 이직을 했다는 것이었다. 그렇다면 무엇 때문에 이런 편지가 날아온 것일까? 장중머우는 편지에 적혀 있는 사람과 편지를 쓴 사람과 편지를 쓰게 된 정황을 살펴봤다. 뜻밖에도 편지의 주인공은 업무 실적이 뛰어나서 본사에서 상장을 받은 적이 있는 우수 사원이었다. 다만 지난해 아내가 임신하는 바람에 가정을 돌보느라 회사 일에 소홀한 부분이 있었다. 그런 와중에 갑자기 회사에서 많은 수의 임직원들을 감원하게 됐고, 그가 감원 대상이 되어 이직을 하게 된 것이었다.

장중머우의 기억에는 회사 최고경영자CEO에게 이렇게 말한 적이 있었다. "만약 직원을 감원하게 되면 반드시 나의 동의를 거쳐야 합니다."

그러나 실제로는 그렇지 않았다. 게다가 편지에 적힌 감원 인원도 적은 숫자가 아니었다.

장중머우는 10년 전 차이리싱을 영입하며 한 말을 떠올렸다.

"남의 공적을 빼앗지 말고, 스타가 되려고도 하지 마십시오. 나는 공동체 의식을 가진 사람을 좋아합니다."

장중머우는 시간이 지나면서 자신의 의지를 지키기가 쉽지 않음을 느끼고 자신의 실책을 돌아봤다. 아랫사람에게 너무 빨리 권리를 위임한 것은 아닌가, 차이리싱에 대해 너무 해이했던 것은 아닌가…. 꼭 집어 말하기는 어렵지만, 한 가지 일에 대해서는 이미 결심을 내렸다. 그것은 대가를 치르더라도 차이리싱을 파면해야겠다는 것이었다.

2009년 6월 11일 오후. 전 직원에게 한 통의 메일이 왔다. 메일을 열어 본 직원들은 깜짝 놀랐다.

"타이지디엔 이사회는 만장일치로 장중머우를 이사장으로 연임하기로 결정한다."

타이지디엔 이사들은 대부분 국외에 있었다. 만장일치의 결의안이 되려면 직접 한 사람씩 찾아가 대면해야 하기 때문에 만장일치가 쉬운 일이 아니었다. 그런데 차이리싱을 파면시킨 것은 불과 10여 분 전의 일이었다. 차이리싱은 자신이 일방적으로 인력을 감원해 이사장을 놀라게 했고, 그로 인해 회사에 대한 통제력을 상실하게 한 것이 화근이었다는 사실을 깨달았다.

장중머우는 먼저 감원 당해 돌아간 직원들을 모두 회사로 돌아오게 했다. 개인 사정으로 복귀할 수 없는 사람들에 대해서는 다른 방법으로 보상을 해 주었다. 그는 원래 2주일에 한 번씩 출근했었는데, 일이 점차 늘어나자 일주일에 3일을 출근했다.

장중머우가 하려는 일은 그 어떤 것도 뒤집어 놓으려는 게 아니었다. 회사가 다시 정상적인 궤도에 들어서기를 바랄 뿐이었다. 정상적인 궤도란 꼭 대권을 틀어쥔다는 의미가 아니다. 회사에 큰 잘못이 발생하지 않도록 하는 것이었다. 자기 자신이 선발한 후계자일지라도 문제가 생기면 바로 처리하고 관용을 베풀지 않았다.

장중머우는 이사장직을 연임하여 출근하는 날 이렇게 말했다.

"늙은 천리마는 마구간에 누워 있으나, 여전히 천 리를 달리고 싶어 한다."

어떤 사람은 78세인 그를 두고, 마음은 살았지만 체력은 안 되는 것이 아닌가 염려했다. 그에 대해 장중머우는 이렇게 말하곤 했다.

"절대 그렇지 않습니다. 여러분이 보시다시피 우리가 가는 길이 옳으면 기쁨을 느낄 것입니다. 나는 지난 몇 년간의 사정을 다 알고 있습니다. 어찌 되었든 간에 나는 창시자입니다."

사실 장중머우는 줄곧 타이지디엔 가까이 있으면서 마치 세상만사를 통찰하는 어른처럼 멀리 내다보면서 중요한 시기에는 모습을 드러내곤 했다.

장중머우가 다시 출마했을 때, 이사회에서는 그에게 두 가지를 질문했다.

첫째, 현재 후계자가 없는데 차이리싱을 파면시키면 어떻게 할 것인가?

장중머우는 이렇게 대답했다.

"이번 공백은 짧은 기간이 아니다. 이사회에 후계자 선발을 위한 충분한 시간을 주기 위해서다."

둘째, 당신의 나이가 이미 78세인데 건강에 이상이 생기면 누가 회사 일을 맡아서 주관하겠는가?

장중머우는 거침없이 대답했다.

"부이사장인 청판천曾繁城이 인계받으면 된다."

결단하는 것은 바로 이해문제와 관계되는 것이며, 이익을 추구하고 손해를 피하는 것이다.

귀곡자는 결단의 방법에 대해 이렇게 말했다.

"과거의 일을 판단하고 미래의 일을 시험하며 평소의 일을 참조하라. 그것이 가능하다면 결단해야 한다."

그리고 결단의 의의에 대해서는 이렇게 말하고 있다.

"이때에는 과거의 일을 헤아리고 미래의 일에 대입하여 증험해 보며 평소에 일어나는 일들을 참조한 뒤 가능한 일이면 결단한다. … 그러므로 무릇 본심을 확정하고 의심되는 일을 해결하는 것은 모든 일의 기본이다. (공경대부에게 있어서) 결단은 어지러운 정치를 바로잡고 성패를 결정하는 것이므로 어려운 것이다."

장중머우의 출마는 회사의 위기 앞에서 불가피한 선택이었다. 모든 것이 권력을 장악하고 제어하는 데 있기 때문에 그는 심중에 계산을 하고 있던 것이다.

다른 기업에서도 경영권을 이미 내놓았거나 지금 바로 내놓아야 하는 처지에 있다 할지라도 만약 문제가 발생했다면 정의를 위해 뒤돌아보지 않고 용감하게 재출마할 것을 결단해야 한다. 이해득실은 종종 결정을 선택하는 데 있다.

於是度以往事, 驗之來事, 參之平素, 可則決之. … 故夫決情定疑, 萬事之
어 시 도 이 왕 사  험 지 래 사  참 지 평 소  가 즉 결 지      고 부 결 정 정 의  만 사 지

機, 以正亂治, 決成敗, 難爲者.
기  이 정 란 치  결 성 패  난 위 자

이때에는 과거의 일을 헤아리고 미래의 일에 대입하여 증험해 보며 평소에 일어

나는 일들을 참조한 뒤 가능한 일이면 결단한다. … 그러므로 무릇 본심을 확정

하고 의심되는 일을 해결하는 것은 모든 일의 기본이다. (공경대부에게 있어서) 결

단은 어지러운 정치를 바로잡고 성패를 결정하는 것이므로 어려운 것이다.

- 귀곡자〈결물決物〉에서

# 성실과 신용을 근본으로 하라

전펑陳峰이 하이난항공회사를 인수한 지 얼마 안 되어 시끄러운 일이 일어났다. 그의 수중에는 자금이 별로 없어서 비행기 날개 하나 살 형편도 안 되었다. 매일 돈에 대한 생각에 묻혀 있었던 그에게 한 친구가 미국 시장에 한번 투자해 보라고 했다. 그렇지 않아도 자금난 때문에 밤잠을 설치던 그는 친구의 말에 정신이 번쩍 들었다. 그는 옷차림을 단정히 하고 미국 월가로 날아갔다. 그러나 결과는 참담했다.

두 번째도 실패, 세 번째도 실패…. 그렇게 아홉 번째까지 실패를 거듭했다. 그래도 그는 포기하지 않았다. 그가 열 번째 가서 독학한 영어 실력으로 투자자들 앞에서 하이난항공회사를 천만 위안에 창업한 이야기를 했을 때, 투자자들은 흥미진진하게 듣기는 했다. 하지만 출자하겠다는 사람은 한 사람도 없었다. 그런데 끝나고 나서 화장실에서 나온 한 청년이 관심을 보이며 전평에게 회사 위치를 비롯해 여러 가지를 구체적으로 물었다. 전평은 영문자로 된 지도를 꺼내 가르쳐주려 했지만 지도가 너무 작아서 설명하기가 어려웠다. 대신 그에게 베트남을 아느냐고 물었다. 그는 안다고 대답했다.

"우리는 바로 베트남과 가까운 곳에 있습니다."

전평이 웃으면서 말했다. 전평은 나이 어린 사람 앞에서도 언제나 진지하게 말하곤 했다.

"말을 분명하게 하는 것은 일종의 기술인데 투자자를 찾을 때는 그것이 더욱 필요합니다. 그들 앞에서 생동감 있게 이야기하는 것이지요."

어떤 사람은 이렇게 물었다.

"이야기만 잘하면 투자자가 생깁니까?"

그러면 전평은 또 웃으면서 대답했다.

"그게 가능했던 건 내가 선량하고 성실하게 생겼기 때문인 것 같습니다."

사실 전평의 말이 틀린 말은 아니었다. 그는 매사를 성실과 신용을 바탕으로 일하는 사람이었고 인상에 이런 성격이 풍겨 나왔다.

화장실에서 나왔던 그 청년은 전평의 말을 관심 있게 듣고 나서 바로 나갔다. 2주가 지난 어느 날, 전평은 2500만 달러를 투자하겠다는 내용의 전화를 받았다. 전평은 그제야 비로소 화장실에서 나온 청년이 세계적인 투자자, 조지 소로스의 조수였음을 알게 되었다.


어떤 회사든 투자 전에 엄격한 것은 당연한 일이다. 특히 미국 회사가 그러하다. 정식 투자 전에 미국회사 측에서는 전평에게 200여 개에 달하는 문제를 제시했는데, 전평은 서툰 영어에도 일일이 성실하게 대답했다. 유창하지는 않았지만 똑소리 나는 답변이었다. 즉시 투자금 2500만 달러가 송금되었다.

그런데 며칠 뒤 미국에서 또 전화가 왔다.

"진 회장님, 돈을 먼저 쓰지 마시고, 중외합자경영기업中外合資經營企業法: 외국회사, 기업 기타 경제조직 또는 개인이 중국 정부의 비준을 받아 평등호혜의 원칙에 입각해 공동으로 손익을 부담하는 기업법인조직 수속이 모두 완료된 다음에 쓰십시오."

황당한 대답이 튀어나왔다.

"그 돈을 이미 다 썼는데요."

"아니, 그 큰돈을 어떻게 벌써 다 썼다는 겁니까?"

미국 쪽에서 경악을 했다.

"안심하십시오. 3개월 내에 모든 수속을 마치겠습니다. 나는 말한 대로 합니다."

전평은 그렇게 말하면서 상세히 설명을 해 주었다. 또한 상대가 안심할 수 있도록 최선의 조치를 다했다.

우선 국제회계사 준칙을 세우고 일류 회계사를 초청해 회계 감사를 실시해 투자회사가 한눈에 볼 수 있게 했다. 또 미국의 최대 변호사 사무소를 통해 법률 문건을 작성하게 함으로써 미국 투자회사로 하여금 신뢰감을 갖게 했다. 그리고 마지막으로 미국에서 최고 권위를 가진 평가 회사를 찾아가 모든 절차에 대해 평가를 하게 하여 수속에 필요한 과정을 하나도 빠짐없이 철저하게 진행했다.


귀곡자는 말했다.

"상을 줄 때는 믿음을 중시하고, 벌을 줄 때는 공정함을 중시해야 한다. … 정성이 천하의 신명에 다다르는데 어찌 간사한 자들이 군주를 범하려고 하겠는가?"

즉, 사람의 가치는 신용을 지키는 데 있고, 사람의 귀중함은 일을 공정하게 하는 데 있다. 상벌이 합당해야 많은 사람들의 신임을 얻을 수 있다.

비즈니스의 목적이 비록 이윤을 얻는 것이지만, 비즈니스 경영에서 성실은 장기적인 성공의 열쇠이므로 만약 양심과 도의를 모른 체하고 상관하지 않으면 모든 것이 헛수고가 되고 만다.

用賞貴信, 用刑貴正. … 誠暢於天下神明, 而況姦者干君.
용 상 귀 신  용 형 귀 정    성 창 어 천 하 신 명  이 황 간 자 간 군

상을 줄 때는 믿음을 중시하고, 벌을 줄 때는 공정함을 중시해야 한다. … 정성이

천하의 신명에 다다르는데 어찌 간사한 자들이 군주를 범하려고 하겠는가?

- 귀곡자 〈부언符言〉에서

# 창업하는 사람의 마음가짐

왕량싱王良星이 창업을 하면서 가진 꿈은, 돈 걱정 안 하는 정도의 소시민 생활을 하는 것이었다.

1987년, 복건성 진강 청양진의 왕씨 삼형제는 의류공장 하나를 세웠다. 왕량싱이 번 약간의 자금으로 직원 일곱 명, 12대의 재봉틀을 둔 게 전부였다. 그 당시 왕량싱은 이런 생각을 했다.

'스스石獅에는 전국적으로 유명한 의류도매시장이 있고, 전장鎭江은 화교인의 고향이니까 홍콩과 마카오의 원단과 디자인을 충분히 사용해야겠다.'

또 당시에는 매우 많은 패션 디자이너들이 진강지역에서 일자리를 찾고 있는 상황이어서 의류공장을 세우는 것은 그리 어려운 일이 아니라고 생각했다.

왕량싱의 삼형제가 힘들고 어려운 과정을 참고 견디어 나가는 동안 사업은 점점 번창해 갔다. 첫 해는 18만 위안을 벌었고, 그 이듬해에는 88만 위안을 벌었다. 이때 '리랑利郎'이라는 남자 브랜드 옷은 복건성에서 점차 명품으로 알려져 시장 공급이 달릴 정도였다. 그러자 도매상들은 직접 왕량싱 사무실에 찾아와 물건이 나오길 기다리기도 했다. 이렇게 되자 왕량싱은 자연히 생활이 부유해졌다.

왕량싱은 안일해지기 시작했다. 큰 포부도 없이 돈을 얼마 벌면 얼마 벌었나 보다 하고, 남들이 하는 대로 따라하면서 문구공장을 차리고 무역도하는 등 여러 가지 일을 벌여 놓았다. 그러자 쥐고 있던 목돈이 계속 흘러나가기만 했다. 그러다 결국 코앞에 위기가 닥쳐왔다. 판매 실적은 점점 내리막길을 걷고 현금 유통은 안 되고 관리부서의 운영은 부실하고…. 몇 년 간 쌓아 놓은 그의 명예는 순식간에 빛을 잃고 말았다.

그때 왕량싱은 어떻게 하면 이 곤경에서 벗어날 것인가 고민했다. 그의 실패는 바로 짧은 안목과 장기적인 계획이 없었기 때문이었다. 왕량싱은 실패에 대해 반성하고 많은 생각을 하면서 대리점의 장점을 발견해 냈다. 대리점을 통하여 자금 유통의 어려움을 해결할 수 있을 것 같았기 때문이다. 그리하여 왕량싱은 대리점 방식을 통하여 모든 힘을 남성복 '리랑'에 집중했다. 그 결과 얼마 지나지 않아 판매액 1억 위안을 돌파했다. 여기서 자신감을 갖게 된 왕량싱은 자기의 의류제국이라는 이미지를 창안해 내고, 복건성이 아닌 전국으로 판매를 독점하면서 더 나아가 세계 의류의 메카라 부를 수 있는 밀라노에 진출해 세계 일류 상표를 만들어야겠다는 꿈을 갖게 되었다.

왕량싱은 출장을 가서, 서양인들과 미팅을 할 때 그들의 복장을 유심히 봤다. 그 결과 양복을 별로 입지 않는다는 사실을 발견했다. 양복이 정장이라서 그렇긴 하지만 때로는 판에 박은 듯이 단조로워 보이기 때문에 보다 편한 캐주얼웨어를 즐겨 입는 것이었다.

그는 귀국하자마자 바로 '남성 일반 캐주얼웨어'를 제안했다. 마케팅 타겟으로 중산계층을 주로 겨냥했다. 그리고 중국에서 가장 유명한 디자이너 지원보計文波를 초빙했다. 지원보는 왕량싱이 미국, 일본 등지에서 들여온 최첨단 설비로 '리랑' 남성복을 대대적으로 개선했다. 그 결과 회사는 수준급 남자 평상복을 생산할 수 있었다. 여기에 멈추지 않고 왕량싱은 목돈을 들여 스타들을 동원해 상품 광고를 했다. 그는 광고가 방송되는 며칠 동안 집 안에 들어앉아 두문불출하며 가슴을 조이면서 TV만 보았다. 그리고 자기가 한 일련의 행동들이 옳았는지를 다시 따져봤다. 너무 모험을 하는 건 아닌가 하는 생각도 했을 정도였다. 뜻밖에도 광고효과는 기대 이상이었다. 2004년에는 '리랑' 남성복의 순이익만 4000억 위안을 돌파한 것이다.

2006년 말, 이탈리아 밀라노 패션 축제에서 중국의 우수 디자이너들을 초청했는데, 중국에서는 지원보가 디자인한 리랑을 가지고 참가했다. 이는 왕량싱에게 있어서 하나의 이정표가 되는 획기적인 사건이었다. 이제 중국을 넘어 세계 패션 무대의 정상에 올랐음을 보여준 것이었다.

사람들이 그에게 성공 비결을 물을 때면 그는 겸손하게 말했다.

"아마도 제 자신의 결점과 장점을 알았기 때문이었을 겁니다."

귀곡자는 말했다.

"생각이 충실하다는 것은 기氣에 사고활동思考活動이 일어나는 것을 말한다. 마음은 평안하고 고요하기를 바라고 생각은 깊고 멀기를 바라는 것이다."

왕량싱이 작은 것으로부터 큰 꿈을 이루기까지는 힘들고 어려운 과정을 거쳐야 했다. 우리가 왕량싱의 사례를 통해 배울 수 있는 교훈은 장기적인 계획을 가진 사람만이 의지가 굳고 곧아서 쉽게 무너지지 않고 착실하게 사업을 밀고 나갈 수 있다는 것이다. 만약 왕량싱이 '리랑'을 세계적인 상표로 만들겠다는 굳은 뜻이 없었다면, 자기 자신은 물론 사업에 있어서도 현재의 영광은 없었을 것이다.

實意者, 氣之慮也. 心欲安靜, 慮欲深遠.
실 의 자  기 지 려 야  심 욕 안 정  려 욕 심 원

생각이 충실하다는 것은 기氣에 사고활동思考活動이 일어나는 것을 말한다. 마음은 평안하고 고요하기를 바라고 생각은 깊고 멀기를 바라는 것이다.

— 귀곡자 〈본경음부칠술本經陰符七術〉에서

# 의기투합한 강자와 강자

"사자와 호랑이가 사돈이 되니 온 산의 원숭이가 정신을 차린다."

강자가 강자와 서로 특별한 혜택을 주고받는 동반자 관계를 맺으면 엄청난 일이 벌어진다는 뜻의 속담이다. 이는 비즈니스 세계에서도 마찬가지다.

진룽위金龙鱼는 중국의 유명한 식용유 상표다. 맨 처음에는 소량으로 포장되어 시장에 나왔지만 점점 더 다양한 포장으로 상품을 개발해 나갔다. 하지만 소비자에게 좋은 기름을 공급한다는 철학만은 끝까지 고수했다. 그렇게 하다 뜻이 맞는 파트너를 만났다. 주방용품의 강자로 불리는 쑤보얼蘇白爾이었다. 이 회사는 다양한 상품 개발을 위해 다년간 기술을 부단히 개발하고 축적된 자본력을 앞세워 생산기지를 점차 확대했다. 그 결과 중국 주방용품의 1인자로 올라설 수 있었다.

진룽위와 쑤보얼은 모두 건강한 요리 문화에 이바지하고 싶다는 의지가 같았다. 두 회사 임원진들은 만약 양자가 하나로 결합하기만 하면 건강을 위해 더 큰 일을 하지 않을까 하고 고민하기 시작했다.

우선 전국적으로 800개의 판매처에서 공동 이벤트를 벌였다.

'좋은 기름, 좋은 솥, 건강음식의 흐름을 선도한다'는 내용의 이벤트는 전국 36개 시장에서 동시에 진행됐다. 이벤트 기간 2003년 12월 25일~2004년 1월 25일 동안 고객들이 진룽위 배합 기름이나 샐러드기름을 사면 카드 한 장을 받는데, 그 카드를 긁으면 바로 신년 대상 당첨 여부를 알 수 있었다. 상품으로는 쑤보얼에서 나오는 다양한 그릇 세트 등이었고, 할인 이벤트도 함께 했다. 뿐만 아니라 쑤보얼와 진룽위는 함께 '건강요리책'을 만들어 여러 사람에게 나누어 주었다. 건강요리강좌를 열어 건강에 좋은 기름과 솥을 선택하는 방법을 알려주기도 했다.

이런 이벤트가 진행된 때는 마침 설 명절 전후였다. 소비자들로부터 대단한 호응을 얻었음은 물론이고 양사의 매출이 대폭적으로 올랐다. 둘 모두 건강 브랜드로서의 이미지도 사람들의 마음속에 깊이 새겨지는 계기가 되었다.

이렇듯 비즈니스 경영의 영역뿐만 아니라 생활의 각 부문에서도 강자와 강자가 연합한다면 혼자일 때보다 더 큰 이득을 볼 수 있다. 그러나 강자와 사돈 맺기가 그리 쉬운 일은 아니다. 양자에게 이익이 되는 공통분모가 있어야 한다. 만약 이득이 없다면 누가 협력하려 하겠는가? 협력의 본질은 서로에게 혜택을 주고 이익이 되어야 한다는 데 있다.

귀곡자는 말했다.

"남의 소리를 듣고 그 소리에 화답하면서도 성조가 다르면 은애를 받지 않겠다고 하는데, 원래 상商과 각角의 두 소리는 합할 수가 없다."

즉 사람과 사람이 언어가 통하지 않고 의기가 투합하지 않으면 양자가 상호 이익관계에 도달하지 못한다. 이 말은, 호랑이가 사자와 사돈이 되기를 원한다면, 사자도 호랑이와 사돈이 되기를 원해야 한다는 뜻이다.

聞聲和音, 謂聲氣不同, 則恩愛不接. 故商, 角不二合.
문 성 화 음  위 성 기 불 동  즉 은 애 불 접  고 상  각 불 이 합

남의 소리를 듣고 그 소리에 화답하면서도 성조가 다르면 은애를 받지 않겠다고 하는데, 원래 상商과 각角의 두 소리는 합할 수가 없다.

– 귀곡자〈중경中經〉에서

# 제4장

# 직장에서 살아남기

위인의 위대한 삶을 들여다보면 치열하게 경쟁을 벌인 라이벌이 있었다. 그들은 라이벌을 통해 자신을 성장시켜 나갔다. 신중한 사람은 비판을 통해 자신을 들여다볼 줄 안다. 거울효과라고도 하는데 자신의 결점을 낱낱이 폭로하는 거울이 애정 듬뿍 담긴 칭찬보다 훨씬 정직하게 도움을 준다. 상대를 격려해 주는 사람, 호기심이 많은 사람, 창의력이 많은 사람, 최선을 다하는 사람, 남에게 동정심과 존경심을 갖고 있는 사람, 우울하고 침울한 기분을 해소할 줄 아는 사람과 함께하면 하는 일마다 순조롭고 생존의 활력이 넘치게 될 것이다.

# 사무실에서
## 강자와 약자의 조화

　자신의 강점이나 약점을 고치는 건 정말 어려운 일이다. 그러나 자기의 강점과 약점을 시기에 따라 적절히 내보이는 건 가능하다. 이를 통해 상대보다 유리한 위치를 쟁취할 수도 있다.

　"강자를 만나면 즉시 약점을 보인다"는 말이 있다. 만약 실력이 있는 강자와 부딪쳤을 때, 그의 실력이 현저하게 나를 능가하고 있다면 체면이나 자존심을 과감히 버려야 한다는 뜻이다. 굳이 강자와 다투는 건 합리적이지가 않다. 잠깐 강자를 꺾을 수 있다 하더라도 나 자신도 그만큼 다칠 위험이 높기 때문이다. 그러니 차라리 자신의 힘을 실제보다 약화시켜 상대방의 경계심을 누그러뜨리며 기회를 엿보는 게 더 현명한 처사다.

　진짜 강자는 약자와 싸워 승리한다고 해도 그다지 기뻐하지 않는다. 영예스럽지 못하기 때문이다. 호전성이 다분한 강자들은 약자를 업신여기는 것이 습관이 되어 있다. 이런 이들에게 약점을 보이는 것은 상대방에게 허영심을 불러일으켜 실리實理를 잃게 만든다.

때에 따라선 약자를 만날 때 강함을 보여야 한다. 약자가 나에게 순종해야 한다든가, 나의 허영심이나 우월감을 만족시키기 위한 것이 아니다. 약자는 언제나 약자로 있는 것을 달가워하지 않는 심리가 있다. 그래서 자기도 쉽지 않은 상대임을 증명하려고 한다. 만약 당신이 나쁜 의도를 가진 약자 앞에서 약점을 보이면, 그 약자는 당신을 이용하기 위해 불필요한 소요를 일으킬 것이다.

여기서 강함을 보인다는 말은 바로 약자가 보기만 해도 두려워하게 하고, 자기의 역량을 알고 물러나게 하는 것에 초점이 있다. 방어를 위한 것이지 공격적인 것이 아니다. 만약 실제 공격으로 이어진다면 상대방은 물론 당신에게도 손실을 가져올 수 있다. 약자로 오판한 강자와 부딪치게 되었을 때 바라는 것과 정반대의 결과가 된다는 것을 염두에 두어야 한다.

사무실에서는 절대적인 강자나 약자가 없다. 상대적인 의미의 강과 약이 있을 뿐이다. 그것도 시기에 따라 위치는 달라진다. 그러므로 사람들 사이에 있어 힘의 균형을 유지하는 것이 가장 좋다. 국가와 국가 사이에서는 이것을 유지하기가 쉽지 않지만 개인 간에는 그리 어려운 일이 아니다. 약자의 위치를 임시변통의 방책으로 생각하면 된다.

강자와 약자는 귀곡자의 음양설과 같은 원리다.


귀곡자는 말했다.

"손익과 거취, 배반, 이 모든 것을 음양으로 제어할 수 있다. 양은 움직이며 나아가고, 음은 숨어서 들어온다."

고대 전설에 '니어'라는 물고기가 있다. 날이 가물어서 늪에 물이 말라 들면 다른 물고기들은 모두 생명을 잃고 말지만, 유독 니어만은 유유자 적하면서 자기 몸이 진흙 속을 뚫고 들어갈 수 있었다. 한 곳을 찾아서 온몸을 진흙 속에 묻고 움직이지 않는 것이다. 이것이 바로 '합闔: 닫아 보 관함'의 전술인 것이다. 니어는 진흙 속에서 마치 죽은 듯이 움직이지 않 고 휴면 상태를 유지하며 반년 혹은 일 년 동안 있어도 죽지 않는다. 그 런 상태로 기다렸다가 비가 오고 늪에 물이 차면 니어는 진흙 속에서 나 와 또다시 활동을 시작한다. 이미 죽은 고기는 그에게 좋은 음식이 되었 고, 그는 매우 빠르게 성장, 번식해서 늪을 점유하고 그곳의 통치자가 된다.

만약 직장에서 불패의 위치에 있고자 한다면 반드시 니어처럼 천도天 道: 귀곡자의 음양 도리에 적응하는 능력을 구비해야 한다. 즉 밖의 형세 변 화에 적응하고 다른 상대의 상황에 적응하여 승리를 쟁취해야 하는 것 이다.


益損去就, 倍反, 皆以陰陽御其事.
익 손 거 취　배 반　개 이 음 양 어 기 사

陽動而行, 陰止而藏. 陽動而出, 陰隱而入.
양 동 이 행　음 지 이 장　양 동 이 출　음 은 이 입


손익과 거취, 배반, 이 모든 것을 음양으로 제어할 수 있다. 양은 움직이며 나아가

고, 음은 숨어서 들어온다.

－ 귀곡자 〈벽합捭闔〉에서

# 유도에는
## 묘한 말솜씨가 있다

언어를 통한 의사소통은 일종의 예술이다. 부드럽게 다가가면 상대방도 점잖게 다가온다. 반대로 공격적으로 다가가면 상대도 그렇게 나오기 십상이다. 자신의 입장만 내세우면 상대도 그렇다. 어떤 사람은 자기가 말하려는 뜻을 그냥 반복적으로 설명하기를 좋아하는데, 이런 사람과 마주치게 되면 짜증이 나기 쉽다.

이런 상황에 당신은 상대가 그냥 말하도록 놔둘 것인가, 아니면 무례를 무릅쓰고 막을 것인가? 고민하게 될 것이다. 그러나 이는 둘 다 좋지 않은 방법이다. 부드러운 방식이 최고다. 상대방이 당신과 말을 나눌 수 있도록 유도해야 한다. 예를 들어 이렇게 말해 보라.

"좀 간결하게 말씀해 주시면 좋겠는데…."

이렇게 상대방이 당신의 화제에 따르도록 하는 것이 바로 유도誘導라는 방책이다.

유도는 말하는 두 사람이 의미 소통을 하는 방법의 하나다. 상반된 의견을 가지고 서로 공격하게 되면 서로 '의미 소통'을 진행할 방법이 없게 된다. 잘못하면 말하는 사람이 의기소침해질 수 있기 때문이다. 그러므로 화자의 의도를 이해할 수 없을 때는 화자가 자신의 뜻을 자신이 알아듣기 쉬운 방식으로 적극 유도해야 한다.

다음은 한 자동차 판매원이 추상적인 설명만 늘어놓던 고객을 잘 유도한 사례다.

**고객:** 이 차도 좋고 저 차도 좋네요. 그런데 뭘 살지 모르겠어요.

**판매원:** 고객님은 몇 cc의 차가 필요하십니까?

**고객:** 말하기 곤란한데요, 대충 2000cc 정도입니다.

**판매원:** 짐이 때론 많고, 때론 적습니까?

**고객:** 네. 그렇습니다.

**판매원:** 그럼 어떤 모델의 트럭을 원하십니까? 하나는 어떤 물건을 운송하는가를 보아야 하고, 다음은 어떤 길로 다닐 건지를 보아야 합니다. 만약 고객님께서 비탈지고 높은 곳으로 다니고, 또 그곳 날씨가 겨울이 비교적 길면 자동차가 받는 압력은 정상적인 상황에서보다 크지 않을까요?

**고객:** 네, 그렇습니다.

**판매원:** 차를 사용하는 횟수가 여름보다 겨울에 많지요?

**고객:** 네. 겨울에 상당히 많지요. 여름에는 장사가 잘 안되니까요.

**판매원:** 때론 화물이 너무 많고, 또 비탈길을 달려야 하니까 자동차가 늘 과부하상태가 아닌가요?

**고객:** 맞습니다. 사실입니다.

**판매원:** 장기적으로 볼 때, 차를 사면서 어떤 요소를 중요하게 보십니까?

**고객:** 당연히 차의 사용 수명을 보아야겠지요.

**판매원:** 한 차는 늘 짐을 가득 싣고, 다른 한 차는 적재량을 넘지 않게 짐을 싣습니다. 그럼 어느 차의 수명이 길까요?

**고객:** 마력이 크고 적재량이 많은 차지요.

**판매원:** 적재량 4톤짜리 트럭을 사시면 고객님께 적합할 것 같습니다.


고객은 판매원의 제의를 받아들였다. 판매원은 특이한 점 없이 평범한 대화로 고객이 자기의 의도대로 따르게 하여 자기 목적을 성취한 것이다.

귀곡자는 말했다.

"남을 알아내어 자기를 알아야 한다."

우리는 세상의 이런저런 사물을 깨달아 알고 주위 사람들을 관찰해야 한다. 그리고 상대방을 통찰하고 알아내어 자기 처세에서의 득실을 알고 남도 보고 자기도 보면서 자아를 인식해야 한다. 만일 그 과정에서 사람들의 언행과 사상에 도리에 맞지 않는 현상이 나타나면 바로 주위 상황과 이전의 경험에 근거하여 따르면 된다. 그러므로 남이 선택한 의도를 들어쥐고 전략적으로 소통을 진행한다면 성공적으로 자기의 목적에 도달할 수 있게 될 것이다.


反以知彼, 覆以知己.
반 이 지 피  복 이 지 기

남을 알아버어 자기를 알아야 한다.

– 귀곡자 〈반응反應〉에서

# 복종은 하나의 미덕이다

직원이라면 복종을 잘해야 한다. 사람들 사이에 소통을 중요시하는 현 세태에 이게 뭔 소리냐고 할 수 있겠다. 그런데 현실을 보라. 자신의 말에 일일이 반대하는 직원을 아끼는 지도자가 과연 존재하는지를 말이다. 물론 이상적인 지도자라면 주위 의견에 늘 귀를 기울일 것이다. 그런데 이런 리더 는 주위에서 찾아보기가 정말 어렵다. 만약 지도자가 어떤 사항에 결론을 내리고 있는 상황이라면 괜히 나서서 비난을 받는 상황을 피해야 한다. 병 사가 상관의 지휘에 복종하는 것과 같이 임하는 게 현명하다.

아래와 같은 상황에서도 마찬가지다.

"제기랄, 야단났군!"

제너럴 사의 구매부 주임 리처드는 소리를 질렀다.

"그나저나 내가 왜 그렇게 어리석지? 편지에 마이클이 사기꾼이라고 욕을 하다니! 이제 정말 시끄럽게 됐군."

"그렇네요."

비서인 자니가 자리에서 일어나며 말했다.

"제가 그때 뭐라고 했어요. 우선 냉정하시라고. 그다음에 편지 쓰시라고 그랬잖아요. 그런데 주임님이 제 말을 듣지 않았어요."

"맞아, 다 내 탓이지."

리처드는 사무실에서 한참을 서성거리더니 갑자기 전화기를 가리키며 말했다.

"마이클 전화번호 좀 가르쳐 줘. 전화로라도 사과해야겠어."

자니는 웃으면서 리처드의 책상 앞에 와서 말했다.

"그러지 마세요, 주임님. 그 편지는 문제가 될 것 같아 애초에 보내지 않았어요."

비서의 말에 리처드는 걸음을 멈추고 놀라서 물었다.

"보내지 않았다고?"

리처드는 마치 무거운 짐이라도 내려놓은 듯이 안도의 한숨을 내쉬고는 머리를 들고 말했다.

"하지만 그때 내가 즉시 편지를 보내라고 하지 않았었나?"

"네. 하지만 곧 후회하실 거라고 생각했기 때문에 편지를 그냥 묻어 두었습니다."

비서는 어깨를 으쓱하며 웃었다.

리처드는 한참 동안 노트를 뒤적이더니 이렇게 말했다.

"그래도 내가 보내라고 했으면 보낼 것이지. 혹시 전에 남아메리카로 보내라고 한 편지들도 보내지 않은 거야?"

"그건 아니에요. 어떤 것을 꼭 발송해야 하고, 말아야 하는지 누구보다 잘 알고 있습니다."

자니는 자랑스럽게 대답했다. 하지만 리처드는 벌떡 일어나면서 불쾌한 표정으로 말했다.

"그럼, 비서가 업무를 주관하는 거야, 아니면 내가 주관하는 거야?"

자니는 깜짝 놀라 떨리는 목소리로 물었다.

"제가 일을 잘못한 건가요?"

"잘못했지!"

리처드는 굳은 듯이 딱딱하게 말했다. 이튿날, 자니는 아침 일찍 해고 통지서를 받았다.


자니는 자신의 판단을 행동으로 옮기기에 앞서 리처드에게 자기 생각을 먼저 건의했었어야 했다. 상관이 내린 판단의 오류까지 파악한 자니는 리처드의 성향을 왜 일찍이 알지 못한 것일까. 평소에 상관에게 미움받는 것보다는 최대한 사이좋게 지내는 게 여러모로 유리하다. 믿을 만한 부하가 됐을 때, 그 믿음만큼 나 스스로 할 수 있는 영역이 넓어지기 때문이다.


충분히 신뢰가 쌓여야 귀곡자가 말하는 내內와 건揵이 가능해진다. 그는 말했다.

"'내內'는 유세하는 말이 군주의 마음으로 들어가는 것이고, '건揵'은 책략을 건의하여 군주의 마음을 얻는 것이다."

즉, 군주에게 책략을 진언하고자 하면 우선 군주의 의견을 들어봐야 한다는 것이다. 바꿔 말해서, 건의하되 그에 앞서 자기의 본분을 다해야 한다는 말이다.

內者, 進說辭, 揵者, 揵所謀也.
내 자  진 세 사  건 자  건 소 모 야

'내內'는 유세하는 말이 군주의 마음으로 들어가는 것이고, '건揵'은 책략을 건의하여 군주의 마음을 얻는 것이다.

- 귀곡자 〈내건內揵〉에서

# 이성의 유혹에
## 빠지지 말아야 한다

귀곡자는 말했다.

"천지가 합쳐졌다 헤어지고 시작했다가 끝나는 사이에는 반드시 틈새가 생기기 마련이므로 자세히 살피지 않을 수 없다. '벽합술'로 그것을 살피고 이 도道를 쓸 수 있으면 그는 바로 성인이다."

귀곡자의 이 말은 자기의 약점과 틈에 대해서는 벽합술을 운용하여 해결할 것을 제안한 것이다.

"영웅은 미녀관을 넘기 어렵다"는 말이 있다. 이는 특히 성공한 남자에게 적용된다. 리더의 마음이 약하면 약할수록 이성의 상냥한 미소나 친절에 무장 해제된다. 특히나 좋지 않은 의도를 가진 예쁜 이성에게 말이다.

중국의 한 자료에 따르면 지도자들의 직위 해제 케이스 중 6% 가까이가 이성의 함정에 빠진 경우였다. 따뜻하고 상냥한 얼굴로 다가오는 파국을 막으려면 저희술抵巇術: 균열의 틈새를 미리 차단하는 방법을 발휘해야 한다.

사무실에 들어서면 부하직원이 당신에게 인사를 하고 당신을 도와 책상 정리를 하는 것은 정상적인 일이다. 그러나 지나치게 은밀할 때는 마음을 가다듬고 상대방에게 가벼운 농담을 던져 보라.

"이렇게 일을 많이 해 놓고 나한테 월급 더 달라고 하는 거 아니지요?"

이런 식으로 한두 마디 웃으며 우스갯소리를 하면 상대는 자연스레 말의 의도를 알아차리게 될 것이다.

自天地之合離終始, 必有巇隙, 不可不察也. 察之以捭闔, 能用此道, 成人也.
자 천 지 지 합 리 시 종  필 유 희 극  불 가 불 찰 야  찰 지 이 벽 합  능 용 차 도  성 인 야

천지가 합쳐졌다 헤어지고 시작했다가 끝나는 사이에는 반드시 틈새가 생기기 마련이므로 자세히 살피지 않을 수 없다. '벽합술'로 그것을 살피고 이 도道를 쓸 수 있으면 그는 바로 성인이다.

— 귀곡자 〈저희抵巇〉에서

# 급소를 잡고 요점을 말하라

　하루는 단골 고객인 장 교수가 호텔을 찾아왔다. 그가 체크인을 하면서 데스크 직원인 정 대리에게 할인해 줄 것을 요구했다. 정 대리는 그가 단골 고객인지라 10%를 할인해 주었다. 그러나 장 교수는 만족하지 않고 더 할인해 달라고 했다.

　때는 여행 성수기였다. 정 대리는 호텔 방이 거의 다 차서 그 이상의 할인은 어렵다고 했고, 고객은 총지배인 나오라며 펄떡 뛰었다. 사실 정 대리는 처음부터 자기 재량으로 추가 할인을 할 수 있었다. 물론 추가 혜택을 해주면 장 교수가 금방 만족스러워할 것이란 것도 잘 알고 있었다. 하지만 그는 총지배인을 금방 모셔오겠다면서 자리를 뜬 후, 총지배인을 만나러 가지 않았다. 사무실로 갔다가 몇 분이 지난 후 돌아와 교수에게 이렇게 말했다.

"아까는 실례를 했습니다. 지배인님께 말씀드렸더니, 고객님은 저희 호텔의 단골이시니까 아무리 성수기라 해도 5퍼센트 더 할인해 드리라고 하십니다. 그리고 감사하다는 인사를 전해 달라고 하셨습니다. 저희 호텔을 애용해 주셔서 정말 감사합니다."

고객은 만족스러운 표정으로 연신 머리를 끄덕이며 감사의 뜻을 표시했다. 정 대리는 그 단골고객에게 방값을 할인해 줄 때 교묘하게 말머리를 돌리는 방법을 썼다. 고객에게 응대는 성실하게 하면서도 그의 요구를 즉각 들어주지 않고 지배인을 찾아가는 척하면서 뒤에 가서 잠시 시간을 끌었다. 이렇게 함으로써 정 대리는 자기가 그 고객의 요구를 들어주기 위해 최대한 노력했음을 보여주었고, 5% 추가할인을 해 주는 것이 지배인의 특혜임을 알려 주었다. 고객이 더 이상의 할인을 요구하지 못하도록 쐐기를 박았던 것이다.


귀곡자는 말했다.

"마음속에 품고 있는 생각을 잘 살펴서 그가 좋아하고 싫어하는 것을 알아낸 다음 소중하게 여기는 바대로 유세를 하는데, 비겸술의 언사로 좋아하는 것을 낚아 꼼짝 못 하게 한 다음 목적을 추구한다."

다시 말해서 정 대리는 단골고객의 심리를 정확하게 파악하고 '비飛: 칭찬하고 부추김'의 방법으로 단골고객의 기분을 좋게 했다. 동시에 무리한 할인을 하지 못하도록 '겸箝: 협박함'의 기술을 썼다. 밝은 표정으로 장 교수가 그 의도를 알 수 없게 감췄음은 물론이다.

비겸술을 어설프게 구사하면 상대를 난처하게 만들기 쉽다. 결과적으로 남을 도와주고도 욕을 먹는 상황도 생긴다.

이 기술의 필수 요소는 눈치다. 남들이 만족스러워하는 수준의 요구를 미리 파악하고 더 이상을 요구하지 않게 견제해야 한다. 이런 견제는 상대가 기분 나쁘지 않게 은밀하게 이뤄져야 한다. 그렇게 하면 상대방으로부터 신임을 얻을 뿐만 아니라 협상의 주도권까지 장악할 수 있다.

心意之慮懷, 審其意, 知其所好惡, 乃就說其所重, 以飛箝之辭, 鉤其所好,
심 의 지 려 회  심 기 의  지 기 소 호 호  내 취 세 기 소 중  이 비 겸 지 사  구 기 소 호

乃以箝求之.
내 이 겸 구 지

마음속에 품고 있는 생각을 잘 살펴서 그가 좋아하고 싫어하는 것을 알아낸 다음 소중하게 여기는 바대로 유세를 하는데, 비겸술의 언사로 좋아하는 것을 낚아 꼼짝 못 하게 한 다음 목적을 추구한다.

– 귀곡자 〈비겸飛箝〉에서

# 한 골짜기에
## 두 호랑이를 받아들이다

귀곡자는 말했다.

"저쪽과 부합하면 이쪽과 괴리되므로 계책이 양쪽을 모두 만족시킬 수 없어서 반드시 배반하고 거스르는 일이 생긴다. 이쪽으로 돌이켜 저쪽을 거스르고 저쪽을 거슬러서 이쪽으로 돌이키는 것, 그것이 오합의 기술이다."

한 사람의 계책과 모략이 만약 한 쪽의 이익에 부합되면 될수록 반대편의 이익에 반하기 쉽다. 이러한 경우 동시에 모두 충실할 수는 없는 것이다.

귀곡자의 오합술忤合術: 거스르고 어울림은 표면상 쌍방의 이해가 정반대되는 상황에 적용 가능하다. 세력이 비슷하다면 이익이 평행선을 이루지만, 때로는 이해관계가 어느 한 지점에서 합류할 수 있다. 그러나 오합술은 혼자만 이긴 것은 이긴 것이 아니고, 양쪽이 함께 이긴 것이 진정으로 이긴 것이라고 가정한다. 이를 위해선 더 큰 이익을 내세워 이쪽과 저쪽의 의지를 돌이키거나 거슬러야 하는 것이다.

'오忤: 거스름'로 '합合: 어울림'을 추구하는 것은 하나의 전략이고, 합으로 합을 추구하는 것은 하나의 지혜. 직장인이 처음 입사해서 일을 하게 되면 이러한 결과를 추구해야 한다. 전쟁의 최고 경지는 평화이고, 경쟁의 최고 경지는 합작이다.


취재기자 양일은 사회부장 자리를 놓고 라이벌인 양락에게 밀리고 말았다. 속이 상한 그는 편집부로 자리를 옮기려고 했다. 하지만 기자 생활을 접는 게 마음에 내키지 않았다. 고민하는 와중에 수석기자로서 중대한 사건을 취재하는 임무를 맡게 되었다.

이는 사실 부장이 된 양락이 동료이자 라이벌에 취한 전략이었다. 양락은 이렇게 생각했다.

'만약 양일을 수석기자로 임명하지 않는다면, 사회부에는 두 개의 파벌이 형성될 것이다. 그렇게 되면 어떻게 업무가 매끄럽게 진행될 수 있겠는가? 나의 목적은 우리 취재부로 하여금 더 크고 특별한 성과를 얻게 하는 데 있지, 내 라이벌을 꺾으려는 게 아니다.'

그는 부서 사람들이 마음을 합해야만 자신도 잘 되고 회사에 발전을 가져올 수 있음을 직감했다. 그래서 양일에게 자신의 명성을 높일 수 있는 중요한 취재 임무를 맡겼던 것이다. 양일은 양락의 진심을 나중에 알고 몹시 감동해 진심으로 양락을 도와주었다. 사무실의 단결력도 더욱 강해졌다. 양락은 사무실 동료들의 관계를 이치에 합당하게 장악했다. 라이벌의 의지를 거스르거나 배반하는 쪽이 아닌 따르고 함께 어울리는 쪽을 택한 결과는 윈윈Win-Win이었다.

도량이 좁고 동료를 따돌리는 사람은 반드시 다른 사람으로부터 따돌림을 당하게 된다. 동료를 자기 출세의 장애물로 여긴다면 그는 집단에 발도 못 붙인다. 만약 자기 부서에 라이벌이 있다면 한 번쯤은 그를 칭찬한다든가, 아니면 작은 일이라도 그에게 도와줄 것을 부탁해 보라. 그러면 가슴속에 갖고 있던 적대감이 사라지게 될 것이다. 한 직장에서 적대적인 사람이 줄어드는 것이 친구 하나 생기는 것보다 훨씬 더 낫다.

合於彼而離於此, 計謨不兩忠, 必有反忤, 反於是, 忤於彼, 忤於此, 反於
합 어 피 이 리 어 차   계 모 불 량 충   필 유 반 오   반 어 시   오 어 피   오 어 차   반 어

彼, 其術也.
피   기 술 야

저쪽과 부합하면 이쪽과 피리되므로 계책이 양쪽을 모두 만족시킬 수 없어서 반드시 배반하고 거스르는 일이 생긴다. 이쪽으로 돌이켜 저쪽을 거스르고 저쪽을 거슬러서 이쪽으로 돌이키는 것, 그것이 오합의 기술이다.

- 귀곡자 〈오합(忤合)〉에서

# 언어행위는
# 사람을 파악하는 그림이다

귀곡자는 말했다.

"옛날에 천하를 대상으로 유세를 잘 사용한 사람은 반드시 천하의 권세를 재어 보고 제후들의 속마음을 알아냈다. 권세를 깊이 계량하지 못하면 제후들의 강약과 경중을 알 수 없고, 제후의 속마음을 자세히 알지 못하면 그들의 숨겨진 변화의 양상을 알 수 없다."

천하가 나뉘고 갈라지는 현상을 잘 파악하려면 천하의 형세 변화를 정확하게 파악할 수 있어야 한다. 천하의 형세를 세심하게 파악하지 못한다면, 각 제후국들 사이의 강함과 약함이나 허와 실도 알아낼 방법이 없기 때문이다. 제후국들의 실정을 짐작조차 못 한다면 앞으로 닥칠 변화의 징조를 알아낼 수도 없다. 제후들의 속마음을 파악하면 할수록 짐작은 더욱 정확해지는 것이다.

칼릴 지브란은 이런 말을 했다.

"만약 당신이 한 사람을 알려면 그 사람이 하는 말을 들을 것이 아니라, 그 사람이 말하지 않은 말을 들어야 한다."

일반적으로 사람들은 자기의 진실한 의견과 생각들을 직접적으로 전달하려 하지 않는다. 그러나 감정을 숨기긴 쉽지 않다. 감정은 표정뿐만 아니라 그들의 언어에서도 드러나기 때문이다. 만약 당신이 상대를 파악하려고 하면 지혜로운 청취자가 돼 말 속에 숨어 있는 의미를 추측할 줄 알아야 한다. 그렇다면 대인관계에서 사람들의 말 속에 깃든 의미를 알아낼 수 있을까?

첫 번째, 화법話法으로 상대방의 생각을 꿰뚫어 안다.

화법은 마음속 생각을 드러내는 하나의 창이다. 말하는 방식이 달라지면 감정도 달라진다. 만약 어떤 사람이 불만을 품고 있다든가 적대감을 갖고 있을 때는 말하는 속도가 느려지고 말수도 적어지는 경향이 있다. 만약 부끄러워하는 마음이 있거나 거짓말을 할 때는 말하는 속도가 자연히 빨라진다. 두 사람의 의견이 어긋날 때 한 사람이 큰소리로 말한다면 상대방을 억누르려는 의도가 있는 것이다. 이런 식으로 다른 사람의 주의를 끌려는 욕구는 어투에 노출되는 것이다.

남들의 사소한 잘못들을 들추어내고 이러쿵저러쿵 시비를 거는 사람은 질투가 심하고 속이 좁다. 인맥도 좋지 않아 마음은 늘 고독하다. 이런 사람은 남들이 자기를 알아주지 않는다고 항상 불평한다. 이는 바꿔 말해 다른 사람들에게 존경과 관심을 받고 싶다는 갈망의 표현이다. 또 어떤 사람은 늘 지도자의 과실과 무능을 화제로 삼는데, 이런 사람은 자기 자신을 더 뛰어난 인물로 부각시켜 지도자가 되고 싶어 하는 야망이 있음을 나타낸다. 또 어떤 특정한 화제를 피하려고 하는 사람이 있다면 그것은 그 방면에 대해 트라우마가 있거나, 혹은 반대로 강렬한 욕망이 있음을 보여준다.

대화할 때 상대방이 먼저 당신의 신변에 대해 언급하는 것은, 당신의 심리상태나 태도를 알아본 다음 본론으로 들어가기 위해서다. 상대방의 대화방식을 주의하여 관찰하는 것은 상대방이 말하는 본뜻을 읽어내는 하나의 효과적인 방법이다. 이를 통해 대화를 통제할 수 있다.


두 번째, 화제로부터 그의 심리를 탐색한다.

상대가 관심을 갖고 있는 일들을 이야기하는 주제에 주의를 돌리면 그만의 성격적 특성들이 묻어나온다는 사실을 발견할 수 있다. 일상생활의 화제 가운데에 자기도 모르는 사이에 정서가 노출되기 때문이다.

하나의 화제로부터 상대방의 심리를 알아내는 방식에는 세 가지가 있다. 하나는 화제의 내용에서 상대방의 성향을 추측하는 것이고, 다른 하나는 이야기 전개방식에서 개성을 파악하는 것이다. 마지막으로 화제와 화자 본인의 연관성도 잘 살펴봐야 한다. 언어행위는 사람의 심상을 밝히는 것은 인간을 파악하는 중요한 그림이다.


古之善用天下者, 必量天下之權而揣諸侯之情. 量權不審, 不知强弱輕重
고 지 선 용 천 하 자    필 량 천 하 지 권 이 췌 제 후 지 정    량 권 불 심    불 지 강 약 경 중
之稱, 揣情不審, 不知隱匿變化之動靜.
지 칭    췌 정 불 심    불 지 은 닉 변 화 지 동 정

옛날에, 천하를 대상으로 유세를 잘 사용한 사람은 반드시 천하의 권세를 재어보고 제후들의 속마음을 알아냈다. 권세를 깊이 계량하지 못하면 제후들의 강약과 경중을 알 수 없고, 제후의 속마음을 자세히 알지 못하면 그들의 숨겨진 변화의 양상을 알 수 없다.

— 귀곡자 〈췌정揣情〉에서

# 입은 감정을 숨길 때
# 사용된다

중국 《증광현문增廣賢文》이라는 책에 이런 말이 나온다.

"사람을 만나면 3할만 말하고, 마음 전부를 내던지지 마라."

이 말은 중국인들이 수많은 세대를 내려오면서 강조하는 귀중한 말이다. 즉 사람을 만나면 말은 조심스럽게 삼가고 마음속을 보이지 말라는 것이다. 만약 사람을 만나 마음속의 말을 다하게 되면 상대방은 자기의 '바닥'까지 다 장악하게 된다. 어떤 사람은 정정당당하게 사는 사람인데 보여주어서 안 될 일이 뭐가 있겠느냐고 항변할 수 있다. 말을 3할밖에 하지 않으면 지나치게 음험한 게 아니냐는 반문을 하면서 말이다. 이는 평소에 쌓인 편견으로 인한 오해다. 불필요한 말은 하지 말라는 것이지 진실하지 말라거나 교활하게 굴라는 것이 아니다.

본래 말에는 세 가지 한계가 있다. 첫째는 사람, 둘째는 시간때, 셋째는 장소다.

그 사람이 아니면 말할 필요가 없고, 그 시간이 아니면 그 사람일지라도 말할 필요가 없으며, 정말 그 사람이고 그 시간일지라도 그 장소가 아니면 말할 필요가 없다. 그 사람이 아닌데도 당신이 3할을 말했다면 지나친 것이 된다. 그 사람이지만 그때가 아닌데도 입을 여는 것도 효율적이지 못하다. 적절한 때라고 하더라도 적당한 장소가 아닌 데서 말을 한다면 실례가 되기 쉽다. 장소까지 가려 말할 수 있어야 세상사에 밝다고 말할 수 있다.

세 가지 한계를 지켰다고 하더라도 말에 무게가 있어야 한다. 말이 간명해야 한다는 뜻이다. 말이 적고 정확할수록 사람들은 심사숙고해 나온 메시지라고 느낀다. 거꾸로 생각해도 말이 많으면 자연스레 빈말이 많아진다. 그래서 전하려는 메시지가 불분명해지는 경우가 많다. 말의 무게도 이에 따라 감소되면서 말이다. 머리에 열을 내면서 열성을 다할수록 무엇을 말하고 무엇을 말하지 말아야 할지를 다 잊게 만들며, 공적인 것과 사적인 것도 한데 뒤섞어 놓게 된다.

빈말도 조심해야 한다. 상대와 상관없는 문제라고 할지라도 불만과 비평을 쏟아놓는다면, 듣는 이는 어떻게 생각할까. 어느 날에 가서는 자신의 말이 비수로 변해 돌아오기 쉽다.

절친한 친구에게조차 마음을 전부 털어놓는 건 금물이다. 심지어 배우자에게 말할 때도 함부로 사정을 털어놓아서는 안 된다. 말하는 이의 진심이 100% 전달되는 건 불가능하기 때문이다. 당신의 말을 받아들이고 반응하는 방식이 당신이 기대한 것과 다를 수 있고, 심지어 오해를 살 수도 있다.

귀곡자는 말했다.

"입은 말이 드나드는 관문으로서 본심을 감추는 역할을 한다."

입은 마음의 한 기관이기에 마음속의 감정과 뜻을 토로하거나 숨기는 데 사용된다. 쓸데없는 말이 너무 많으면 실수하는 말이 있을 수 있다. 때론 경솔한 사람으로 찍히기 십상이다. 그러므로 입이 가벼운 사람은 남의 신용을 얻기가 쉽지 않다.

지혜로운 사람은 자기의 혀를 잘 관리할 줄 안다. 사람을 만나 3할만 말한다는 것은 자기의 사정을 마음대로 말해서도 안 될 뿐만 아니라, 남의 일도 적게 말하라는 것이다. 사람은 누구나 사적인 일이 있고, 그것을 숨길 권리도 있다. 만약 무심코 남의 사생활을 말했다면, 그가 이야기를 듣고 당신에게 한을 품을 수도 있다. 당신이 아무리 무심히 한 말이라도 말이다.

故口者, 幾關也, 所以關閉情意也.
고 구 자　기 관 야　소 이 관 폐 정 의 야

입은 말이 드나드는 관문으로서 본심을 감추는 역할을 한다.

- 귀곡자 〈양권量權〉에서

# 약한 것이 강한 것을 속이다

귀곡자는 말했다.

"높이 추켜세워 동요하게 하거나 미약하게 했다가 바로잡아 주거나 하늘의 신호가 응하는 것처럼 하거나 꼼짝 못하게 막아버리거나 어지럽게 유혹하는 것 등을 가리켜 계략과 모략이라고 한다."

이 말은 우리가 외부환경의 변화에 따라 합리적으로 모략을 조정해야 한다는 뜻이다. 자기 자신의 진실한 의도와 힘은 숨기면서 가짜를 보이고 진짜는 감춰야 비로소 상황을 제어할 수 있기 때문이다. 치열한 비즈니스 경쟁은 전쟁과 같다. 기업이나 개인이 거짓으로 진실을 숨기는 일은 더하면 더했지 줄지는 않을 것이다.

1940년 이후, A사에서 생산하는 분무청결제가 전 미국을 휩쓸면서 주부들의 호평을 받았다. 이때 B회사도 거금을 투자해 새로운 경쟁 제품을 출시했다. 이전 제품보다 품질에서나 포장에 이르기까지 앞선 것으로 금방 1위를 차지했다.

보통 그런 상황이라면 B회사에 맞서 바로 더 많은 자금을 투자해 경쟁하리라 생각된다. 하지만 A사는 색다른 행동을 취했다. A사는 LA 시장에 공급하던 상품을 갑자기 정지시킨 것이다. 아직 경쟁 상품이 시장에 나오지 않은 상태였고, 특히 A사 제품에 습관이 된 주부들은 시장에 청결제가 나오지 않자 몹시 조급해했다. 이런 상황에서 B사의 제품이 시장에 나오자 수많은 주부들이 앞을 다투어 구매했다. B사는 큰 성과에 고무돼 생산량을 대폭 늘렸다.

이때를 기다렸다는 듯이 A사는 개량된 상품을 시장에 선보였다. 포장도 크게 하는 한편 50% 특별 할인가 행사를 벌이며 대대적인 광고도 시작했다. 주부들은 예전부터 익숙했던 A사 제품이 가격까지 낮추어 다시 등장하자 환호성을 질렀다.

주부들은 청결제값이 다시 오를 것이라고 생각해서 앞을 다투어 물건들을 사들였다. 그런데 경쟁사는 이러한 시장 상황을 전혀 모르고 있었다. 제품을 대량 생산했음은 물론 홍보에도 막대한 광고비를 투입했다. 그러나 이때는 소비자들이 이미 A사 제품을 넉넉히 사들인 뒤였다. 몇 달이 지나도 판매량은 늘지 않았다. 뒤늦게 시장조사를 한 B사는 그제야 상황을 파악하고 어쩔 수 없이 다른 기타 제품의 생산으로 눈길을 돌려야 했다.

A사는 교묘한 계책과 모략으로 시장을 쟁취했다. 실력이 강한 상대로부터 물러나 약함으로 강함을 이겨 승리를 얻은 것이었다.

'공성계空城計'의 관건이 바로 허실의 계책을 말하는 것이다. '허'를 합리적으로 이용하기만 하면 상대방은 진짜와 가짜를 구분하지 못하게 된다. 소비자들의 심리를 틀어잡아야 매출이 상승한다. 이때 여러 가지 할인행사와 각종 우대카드 등은 경영자가 소비자를 끌어모으는 효과적인 수단이다. 소비자를 위한다는 각종 이벤트는 사실상 아름다운 허울일 뿐이다. 목적은 소비자들을 유혹하는 것이다.

高而動之, 微而正之, 符而應之, 擁而塞之, 亂而惑之, 是謂計謀.
고 이 동 지  미 이 정 지  부 이 응 지  옹 이 색 지  란 이 혹 지  시 위 계 모

높이 추켜세워 동요하게 하거나 미약하게 했다가 바로잡아 주거나 하늘의 신호가 응하는 것처럼 하거나 꼼짝 못하게 막아버리거나 어지럽게 유혹하는 것 등을 가리켜 계략과 모략이라고 한다.

- 귀곡자 〈양권量權〉에서

# 옳은 일에는
# 결연히 솜씨를 보여라

사내에서 자신의 진급 문제에 대해 논의 중이라고 하자.

절호의 기회를 앞두고 야망이 꿈틀거린다. 상사를 찾아가 적극적으로 자기 능력을 과시하거나 자신의 요구를 적극 제시해야 하지 않을까? 이런 생각은 사람들이 흔히 가질 수 있는 고민이다. 상사에게 가서 자기의 요구를 제시하지 않으면 기회를 잃을 것 같고, 그렇다고 또 그렇게 하면 지나치게 이익을 밝힌다고 생각할 것 같다.

과연 어떻게 하는 것이 지혜로운 일일까?

귀곡자는 말했다.

"우환을 제거하는 것이 이치에 맞으면 결단을 내리고, 복을 추구하는 것이 이치에 맞으면 결단을 내린다."

이 말은 어떤 일에 결정을 내릴 때, 반드시 이익을 추구하고 해를 피하는 원칙을 지켜야 함을 강조하고 있다. 직장에서 최선을 다해서 진급하는 것으로 실력이 증명되지만, 기회를 얻기란 좀처럼 쉬운 일이 아니다. 진급을 앞두고 있다면, 반드시 남들보다 한발 앞서 기회를 잡고 과감하게 결단해야 한다.

인간 세계는 경쟁으로 가득하다. 경제·교육·과학기술 장대한 분야에는 물론 취업·입학·심지어 노인 요양에도 경쟁이 있다. 금자탑의 정상에 오르는 걸음걸음마다 모두 경쟁의 발자국이 찍혀 있는 것이다. 직장에서의 진급 문제는 더 말할 나위가 없다. 야심을 품고 노리는 자가 한두 사람이 아니다. 그렇기 때문에 만약 직장에서 도달 가능한 자리가 비어 있을 때, 가만히 있으면 안 된다. 모략을 이용해서라도 자리를 쟁취할 줄 알아야 하고, 세부적인 전략에 대해 대담하게 결정을 내려야 한다. 지나치게 겸손하면 오히려 손해다.

이런 결정을 할 때는 치밀하게 상황판단을 해야 한다. 동료가 자기보다 더 일찍 주요 부서에 승진이 되었다면 마음이 흔들리기 쉽다. 질투심이 앞선다면 꿈은 더 멀어지게 된다. 심리상태가 평상심을 잃으면 현실 파악을 제대로 하기 힘들기 때문이다.

질투심 없이 온 힘을 다해 일해야 주위 사람들의 지지도 따라온다. 이것은 나아가기 위해 물러서는 방법의 하나다. 회사 직원의 사내 평판은 상사의 관점은 물론 주위 환경에 의해서도 결정되는 것이다. 그러므로 앞으로 나아가기 위해서는 때를 기다리며 뒤로 물러나는 방법을 알아야 한다.

去患者, 可則決之, 從福者, 可則決之.
거 환 자  가 즉 결 지  종 복 자  가 즉 결 지

우환을 제거하는 것이 이치에 맞으면 결단을 내리고, 복을 추구하는 것이 이치에

맞으면 결단을 버린다.

- 귀곡자 〈결물決物〉에서

# 진실로 평가하는 데도
## 법보가 필요하다

부하를 잘 관리하는 효과적인 수단은 칭찬과 격려다. 이 두 가지는 부하들의 적극성을 불러일으키는 각성제와 같다.

한 음식점에 유명한 주방장이 있었다. 그가 구워 내는 오리고기는 가히 최고여서 수많은 사람들로부터 사랑을 받았다. 음식점 주인 역시 그의 요리 솜씨를 높이 평가했다. 하지만 속으로만 생각한 것이었다. 주방장은 주인이 제대로 대접을 해주지 않는다고 늘 불만이었다.

어느 날, 주인은 먼 곳에서 온 손님을 접대했다.

몇 가지 요리가 있었으나 그중에서 으뜸은 오리구이였다. 주방장은 주인의 요구대로 요리를 준비했다. 잠시 후, 감미로운 음식 냄새가 온 음식점에 가득 찼다. 주인은 오리 다리를 하나를 집어서 손님에게 주었다. 그런데 다른 한쪽 다리가 보이질 않았다. 그래서 주방장에게 물었다.

"오리 다리 하나는 어디 갔나?"

그러자 엉뚱한 대답이 돌아왔다.

"여기는 오리들이 모두 다리가 하나뿐입니다."

주인은 괴이하게 여겼지만 손님 앞에서 소란을 끼칠까 염려하여 더 이상 묻지 않았다.

식사 후 주인은 주방장을 따라 오리 우리에 가보았다. 때는 저녁이라 오리들이 모두 잠을 자고 있었다. 오리들은 모두 다리 하나로 몸을 버티고 서서 잠을 자고 있었다. 주방장은 오리를 가리키면서 말했다.

"주인님, 보세요. 오리들이 모두 다리가 하나뿐이잖아요."

주인은 오리들의 잠을 깨우기 위해 손뼉을 쳤다. 그러자 모두들 들고 있던 다리를 내려놓았다.

"이보게. 오리 다리가 모두 두 개 아닌가?"

주인의 말에 주방장이 흔쾌히 대답했다.

"네, 네. 맞습니다. 박수를 쳐야만 다리가 두 개가 됩니다."

자신에 대한 주인의 격려가 아쉬웠던 주방장이 간접적으로 불만을 표시한 것이었다.


옛사람들은 조직을 운영하는 데 있어 상을 중요한 수단으로 여겼다. 현대의 기업에서 좋은 성과의 직원을 높이 평가하는 것은 일시적인 이벤트로 끝나서는 안 된다. 제도를 확립하고 시종일관 운영이 되어야 한다.

귀곡자는 말했다.

"상을 주는 데 있어서 신뢰를 중히 여기려면 반드시 귀로 듣고, 눈으로 본 사실로 검증을 해야 한다."

지도자가 수중의 권력을 합리적이고 효과적으로 운용하려면 상벌을 분명히 하는 데 중점을 둬야 한다. 상은 부하를 높이 평가하는 데 그치지 않고, 주위 사람들의 적극성을 불러일으킨다.


賞賜貴信, 必驗耳目之所聞見.
상 사 귀 신   필 험 이 목 지 소 문 견

상을 주는 데 있어서 신뢰를 중히 여기려면 반드시 귀로 듣고, 눈으로 본 사실로 검증을 해야 한다.

— 귀곡자 〈부언符言〉에서

# 실패했던 사람이 더 값지다

미국의 경영학자 피터 드러커는 이렇게 말했다.

"뛰어난 사람일수록 잘못이 많다. 그만큼 새로운 것을 시도하기 때문이다. 한 번도 잘못을 해 본 적이 없는 사람, 그것도 큰 잘못을 저질러 본 적이 없는 사람을 윗자리에 앉혀서는 안 된다. 잘못을 저질러 본 적이 없는 사람은 평범한 사람이다. 그 때문에 어떻게 잘못을 발견하며 어떻게 조기에 고칠 수 있는가를 알지 못한다. … 관리자는 마땅히 잘못을 허용해야 한다. 실패는 종종 새로운 창조의 시작이 된다. 기업의 성공은 하늘에서 떨어진 것이 아니라 실패로부터 오며 새로운 것을 창조하는 데서 온다."

미국 IBM의 한 간부사원이 엄청난 실수로 회사에 1000만 달러라는 거액의 손실을 입혔다. 간부사원은 잠도 제대로 못 자고 먹지도 못하며 좌

불안석이었다. 많은 사람들이 회장인 톰 왓슨에게 그를 직위 해제시킬 것을 건의했다.

왓슨은 그 간부사원을 사장실로 불렀다. 그는 고개를 푹 숙이고 말했다.

"사장님, 당장 사표를 쓰겠습니다."

그러자 왓슨은 고개를 저으며 이렇게 말했다.

"당신, 지금 농담하나? 우리는 당신을 교육시키느라고 1000만 달러 이상을 투자했어."

당연히 해고될 거라고 생각했던 간부사원은 깜짝 놀랐다.

다시 한 번의 기회를 얻은 그는 얼마 후 실패를 성공으로 바꾸어 놓았고, IBM이 세계 최고의 회사가 되는 데 혁혁한 공을 세웠다.

후에 왓슨은 이 일을 두고 이런 말을 하곤 했다.

"일시적인 실패는 경영자에게는 하나의 '부산물'이다. 만약 상대방에게 신임을 보여주면, 그는 진취성과 지혜를 최대한 발휘할 것이다. 결과적으로 좌절을 전혀 경험하지 않은 사람을 훨씬 능가한다."

뛰어난 인재를 말할 때, 도전과 창조 정신은 필수 요소다. 실수와 착오를 허용하지 않는 환경에서 일하기를 좋아하는 사람은 한 사람도 없을 것이다. 직원들의 능력을 계발하고 잠재력을 발굴하는 데는 모험을 권장하는 업무 환경이 필요하다. 기업의 성공은 새로운 시도의 성과가 끊임없이 누적되는 기초 위에서만 얻어질 수 있다.


3M은 100년 전통을 가진 회사로 6~7만 종의 제품을 생산한다. 평균 이틀 안에 한 개의 신제품이 개발되어 매년 200여 종의 신제품이 세상에 선을

보이고 있다. 신제품 개발 담당자의 능력은 가히 세상을 놀라게 하는데, 그는 늘 남보다 앞장서서 쉬지 않고 새로운 기술 영역을 개척하고 있다.

3M의 임직원들은 수천만 개의 아이디어 중에서 최종적으로 성공하는 제품은 매우 드물다는 사실을 알고 있다. 이 회사에서는 수많은 시도를 청개구리와 입을 맞추는 것에 비유한다. 왕자를 만나기 위해서는 반드시 무수한 청개구리와 입을 맞추어야 한다는 뜻이다. 3M회사는 실패와 막다른 골목을 하나의 새로운 것을 창조하는 일부분으로 인정하고 있다. 그들이 신봉하는 철학은 '만약 실패를 두려워한다면 아무것도 하지 말라'인 것이다.

귀곡자는 말했다.

"의지를 배양한다는 것은 마음속의 생각이 미치지 못한 곳을 배양한다는 것이다. 욕망이 있어야 의지가 생기면서 그것을 생각하게 되기 때문이다. 지식은 욕망이 만드는 것으로, 욕망이 많으면 마음이 산만해지고 마음이 산만해지면 의지가 쇠해지며 의지가 쇠해지면 생각이 미치지 못하게 된다."

심지가 약한 것은 열정이 부족하기 때문이다. 열정이 있으면 온 마음을 다해 열정을 추구하게 된다. 의지는 열정의 부림을 받는다. 물론 욕구가 지나치면 정신이 산만해진다. 의지가 쇠퇴하면 생각도 미치지 못하게 된다. 실패했을 때 의지를 배양하고 능력을 쌓는 것은 인생의 중요한 과정이다. 실패를 두려워하지 않고 실패를 딛고 일어서는 사람이 바로 뛰어난 인재인 것이다.

養志者, 心氣之思, 不達也, 有所欲, 志存而思之. 知者, 欲之使也.
양 지 자  심 기 지 사  불 달 야  유 소 욕  지 존 이 사 지  지 사  욕 지 사 야

欲多志則心散, 心散則志衰, 志衰則思不達也.
욕 다 지 즉 심 산  심 산 즉 지 쇠  지 쇠 즉 사 불 달 야

의지를 배양한다는 것은 마음속의 생각이 미치지 못한 곳을 배양한다는 것인데,
욕망이 있어야 의지가 생기면서 그것을 생각하게 되기 때문이다. 지식은 욕망이
만드는 것으로, 욕망이 많으면 마음이 산만해지고 마음이 산만해지면 의지가 쇠
해지며 의지가 쇠해지면 생각이 미치지 못하게 된다.

- 귀곡자 〈본경음부칠술本經陰符七術〉에서

# 내심으로 외부를 다스려라

새로운 상사가 부임하면 부하직원들은 대개 부정적이다. 부정적인 여론을 불식시키고 지위를 확보하는 일은 쉽지 않다. 요즘 부드러운 리더십이 각광을 받는다고 하지만, 조직의 이익은 생각하지 않고 자기 몫만 챙기려는 부하들 앞에선 철학을 지키기 쉽지 않다. 최소한 할 말은 하는 강한 리더여야 부드러운 관용이 가능하다. 이때 처벌은 권위를 지키는 중요한 수단이다. 조직에 기여하는 바 없이 무조건 규율을 무시하는 자에 대해서는 과감한 조치를 취해야 한다. 그래야 책임자의 위신이 바로 서게 되기 때문이다. 엄격한 규율과 질서가 있는 조직을 만들려면 관리 수단을 틀어쥐고 제때에 엄격하게 처리해야 한다.

회사의 규율을 위반한 사실에 대해 제때에 조치하지 않으면 비슷한 경우가 생기기 쉽다.

귀곡자의 〈중경中經: '중'은 '내심內心', '경'은 '경영, 다스리다'의 뜻으로 '중경'은 내심으로 외부 사물을 경영한다는 의미〉에 '마음을 빨아들인다'는 말이 있는데, 이것은 사람들의 마음을 거두어 모아 잡아당긴다는 것이다. 뛰어난 책임자라면 잘한 부하 직원들에게 아낌없이 칭찬하는 한편, 필요할 때는 자기의 권위를 내세울 줄 알아야 한다. 그 과정에서 위엄 있고 존경을 받는 책임자의 이미지가 형성되기 때문이다.

때로는 전체의 분위기를 흐린 사람들이 한 두 명이 아닐 수도 있다. 이들을 일률적으로 처벌하게 되면 부작용이 더 커질 위험이 있다. 이런 경우에는 잘못의 경중을 가려 처리해야 한다. 벌의 목적은 범죄자는 물론 많은 사람들을 교육하는 있지, 처벌 자체가 목적이 되어서는 안된다.

다만 벌의 결과는 다수에게 공개해야 한다. 이를 공개하지 않으면 적지 않은 사람들이 체제에 의심을 가지게 되며, 징벌 대상자가 처벌을 받지 않은 것으로 간주할 수 있기 때문이다. 그렇게 되면 앞으로 제도를 운영하는 데 적지 않은 악영향을 끼치게 될 것이다. 때로는 직원 모임을 조직해 이를 토론하게 하고, 거기에서 교훈을 얻게 하는 것도 방법이다. 살아 있는 사례가 죽은 설교보다 몇 배의 효과를 거둘 수 있다.


攝心.
섭 심

마음을 빨아들인다.

― 귀곡자〈중경中經〉에서

2부

# 귀곡자 핵심구절 강설

# 제1편

# 벽합──
## 음양의 이치를 깨우쳐라

벽합捭闔에서 '벽捭'은 '연다'는 뜻이고, '합闔'은 '닫는다'는 뜻이다. 열고 닫는 것은 사물의 발전과 변화의 보편적인 규율이고 사물을 파악하는 관건이다. 귀곡자는 벽합과 천지의 도는 서로 통하는 것으로 천지의 도는 바로 음양陰陽의 도리라고 했다. 그러므로 벽합술을 익숙하게 장악하고 운용하게 되면 음양을 평형시킬 수 있고, 나아가고 물러남에 있어서 도度가 있게 되면 이익을 추구하고 해를 피할 수 있게 된다.

### 사물의 규율을 장악하고 행동의 관건을 파악한다

사물의 발전 변화는 모두 다 일정한 규율에 따른다. 때로는 음陰으로, 양陽으로, 부드러운 데로, 강한 데로, 또는 열린 데로, 닫힌 데로, 혹은 이

완된 데로, 긴장된 데로 돌아간다. 따라서 성인은 일관되게 그 문호를 주관하면서 사물의 발전 과전을 자세히 살펴봐야 한다.

變化無窮, 各有所歸, 或陰或陽, 或柔或剛, 或開或閉, 或弛或張. 是故
변 화 무 궁  각 유 소 귀  혹 음 혹 양  혹 유 혹 강  혹 개 혹 폐  혹 이 혹 장  시 고
聖人一守司其門戶, 審察其所先後.
성 인 일 수 사 기 문 호  심 찰 기 소 선 후

- 〈벽합捭闔〉

천지지간의 만물이 어떻게 변화를 하던 간에 모두 다 고유의 본질적인 규율이 있고, 이 규율은 또한 객관적으로 존재하기에 그 누구나 다 인식할 수 있다. 그에 대한 인식이 점차적으로 깊어짐에 따라 사람들은 그것을 지식으로 정리하고 이런 자연의 규율을 이용해 실천으로 옮겨야 한다. 이것이 귀곡자 인식론인 철학사상의 하나다.

만약 어떤 일을 처리할 때 매우 곤란함을 느낄 때는 우선 그것을 멈추고 사물의 규율을 찾아보고 그 돌파구를 찾아야 한다. 이렇게 하면 일처리가 훨씬 쉬워진다.

고금의 모든 성공자들이 능히 세상사를 통찰하고 공을 세우고 업적을 이룩하게 된 것은 그들은 시종일관 사물 변화의 규율에 따라 움직였기 때문이다.

## 비가 오기 전에 창문을 고친다

상대방의 품성과 속내를 자세히 살펴서 그 사람의 실과 허를 판정하고 상대방의 기호와 욕망으로 상대방의 의지를 검토하고 상대방의 말을 상

세히 배열한 후 그것을 다시 검토하여 실질적 정황을 알아내야 한다. 이처럼 상대방의 중심 생각을 알아내는 것을 중요하게 생각하면서 열거나 닫으면서 자기의 이익을 추구한다.

혹은 열어 보여주기도 하고 혹은 닫아 감추기도 하는데 열어 보여주는 것은 상대방과 정세에 대한 판단을 같이할 때이고, 닫아 감추는 것은 상대방과 생각을 달리할 때이므로 상대방과 함께 할 수 있는지, 아니면 함께 할 수 없는지에 대한 책략을 자세히 검토하면 먼저 그와의 차이를 분명히 해야 하며, 떠나거나 합류해도 자기를 지킬 수 있고 무엇보다 우선 상대방의 뜻을 따라준다.

審定有無, 以其實虛, 隨其嗜欲, 以見其志意. 微排其所言, 而捭反之,
심 정 유 문   이 기 실 허   수 기 기 욕   이 견 기 지 의   미 배 기 소 언   이 벽 반 지

以求其實, 實得其指, 闔而捭之, 以求其利. 或開而示之, 或闔而閉之.
이 구 기 실   실 득 기 지   합 이 벽 지   이 구 기 리   혹 개 이 시 지   혹 합 이 폐 지

開而示之者, 同其情也, 闔而閉之者, 異其誠也. 可與不可, 審明其計
개 이 시 지 자   동 기 정 야   합 이 폐 지 자   이 기 성 야   가 어 불 가   심 영 기 계

謀, 以原其同異. 離合有守, 先從其知.
모   이 원 기 동 이   이 합 유 수   선 종 기 지

- 〈벽합捭闔〉

'견해가 다르면 반 마디 말도 많다'는 속담처럼 사람들과 대화를 할 때 서로가 흥미를 느끼지 않는 화제를 신이 나서 말하는 사람은 없을 것이다. '연지와 분은 여인에게 주고, 보검은 영웅에게 준다', '반찬에 맞춰 밥을 먹고 몸에 맞게 옷을 마름질한다' 같은 말들은 사람에 따라 관심사가 다르고, 각 사람마다 흥미를 느끼는 화제가 다르기 때문에 오직 그 사람의 '가려운 곳'을 긁어주기만 하면 상대방은 귀를 씻고 공손하게 들을 것이다. 귀곡자도 이런 말을 했다.

"상대방의 기호와 욕망으로 상대방의 의지를 검토하고 상대방의 말을 상세히 배열한 후 그것을 다시 검토해서 실질적 정황을 알아야 한다."

미국 제26대 대통령이었던 루즈벨트는 지역이나 직업, 남녀노소 불문하고 기꺼이 만나서 대화를 하고 그들을 곧 자기편으로 만들었다. 그 비결은 만나기 전에 그 사람의 관심사가 무엇인지 알아내고 관련 자료들을 찾아보는 것이었다고 한다.

대화 과정에서 상대방의 참여가 많지 않고 또 말수가 적다고 느낄 때는 가능한 한 상대방의 말과 안색을 살펴보고 그 사람의 의중을 헤아려 신속하게 화제를 돌려야 한다. 즉, 그 사람이 흥미를 느낄 수 있는 화제를 찾아 기분전환을 시켜서 상대방과 잘 어울리도록 해야 하는 것이다. 그러므로 대화 전에 반드시 상대할 사람들에 대한 정보를 전면적으로 장악해야 이야기가 봄바람을 타고 꽃을 활짝 피울 수 있다.

## 자기를 변화시키고 적응하는 것이 지혜로운 선택이다

고금의 역사를 보면 성인이 천지 사이에 존재하는 것은 중생의 선도자가 되기 위함이었다. 그들은 음양의 열림과 닫힘을 보아 사물을 명령하고, 존망의 문호를 알아 만물의 시작과 마지막을 대비하며 사람 마음의 이치에 통달하여 변화의 징조를 보면서 그 문호를 지키고 관리하였다. 그러므로 옛날부터 지금까지 성인이 세상에 존재하는 작법과 목적은 모두 같다고 할 수 있다.

粵若稽古, 聖人之在天地間也, 爲衆生之先. 觀陰陽之開闔以命物, 知
월 약 계 고　성 인 지 재 천 지 간 야　위 중 생 지 선　관 음 양 지 개 합 이 명 물　지

存亡之門戶, 籌策萬類之終始, 達人心之理, 見變化之朕焉, 而守司其
존망지문호  주책만류지종시  달인심지리  견변화지짐언  이수사기

門戶. 故聖人之在天下也, 自古至今, 其道一也.
문호  고성인지재천하야  자고지금  기도일야

- 〈벽합捭闔〉

세상은 참혹하고 경쟁은 치열하며 현실은 객관적인 존재인데 이러한
외재적 조건을 바꾼다는 것은 참 어려운 일이다. 그러므로 우리가 이러
한 환경을 바꿀 수 없으면 자기 자신이라도 바꾸어야 한다. 온갖 노력을
다해서 외부 환경에 적응하는 것이야말로 지혜로운 선택이 된다. 귀곡자
도 이에 대해 "존망의 문호를 알아 만물의 시작과 마지막을 대비하여 사
람 마음의 이치에 통달하여 변화의 징조를 보면서 그 문호를 지키고 관
리하였다"라고 말했다. 이 말 속에는 바로 환경의 변화를 파악하고 제
때에 자기의 특색을 조정하는 지혜로운 형상의 표현이라는 의미가 들어
있다.

즉, 세계를 장악할 수는 없어도, 자신의 운명은 자신의 힘으로 장악
할 수 있다는 뜻이다.

"사물이 궁극에 달하면 변화가 일어나고 변화가 일어나면 길이 열린다."
이 명언은 변화의 목적이 바로 현재의 곤경에서 벗어나 이상적인 목표
에 도달하는 것임을 보여준다. 변화하는 데도 원칙이 있다. 변화한다고
해서 원칙을 포기하는 것이 아니다. 관건은 정세를 관찰하고 그 척도를
파악하는 것에 있다.

"적응하면 생존하고 적응하지 않으면 도태된다."

이것은 자연과 사회 변화의 기본 원칙이다.

환경 변화에 적응이 빠르면 빠를수록 운명도 더욱 빠르게 새로운 변화를 가져온다. 따라서 인간도 그것에 맞게 빠르게 적응해야 한다.

제2편

반응__
상대를 알고 나를 정확하게 판단하라

여기에서 말하는 '반응反應'은 상대방이 획득한 정보를 원래 쪽으로 되돌아오게 하는 것을 말한다. '반응술反應術'을 운용하려면 상대방의 동정動靜과 허실虛實을 반복적으로 냉정하게 관찰하고 분석하여 상대방의 실제 정보를 장악해야 한다. 상대방의 실정을 알아야 자신의 행위 목적이 있게 되고 역사를 알아야 오늘을 잘 파악할 수 있다. 미세한 것을 통찰하는 가운데서 큰 것을 알아낼 수 있고, 적은 것을 볼 줄 알아야 많고 적음을 식별할 수 있는 것이다.

**이왕지사를 추측하여 오늘을 검증하다**

옛날의 큰 변화는 보이지 않는 데서 생겨나는 것이므로 지난날을 다시 관찰하고 지금을 다시 검증해야 한다고 했다. 즉, 옛날을 다시 알고 지금을 다시 알아야 하며 상대방을 다시 이해하고 자기를 다시 이해해야 한다는 뜻이다. 상대방의 동정과 허실의 이유가 현재와 합하지 않으면 옛날로 돌아가 그 이유를 탐구해야 하며 모든 일은 반복되는 것이 성인의 뜻이니 모든 일을 자세히 살피지 않을 수 없다.

古之大化者, 乃與無形俱生. 反以觀往, 覆以驗來, 反以知古, 覆以知
고 지 대 화 자   내 여 무 형 구 생   반 이 관 왕   복 이 험 래   반 이 지 고   복 이 지

古, 反以知彼, 覆以知己. 動靜虛實之理, 不合于今, 反古而求之. 事有
고   반 이 지 피   복 이 지 기   동 정 허 실 지 리   불 합 우 금   반 고 이 구 지   사 유

反而得覆者, 聖人之意也, 不可不察.
반 이 득 복 자   성 인 지 의 야   불 가 불 찰

- 〈반응反應〉

귀곡자는 한 종횡가의 시각으로 "지난날을 다시 관찰하고 지금을 다시 검증해야 하고 옛날역사을 다시 알고 지금을 다시 알아야 한다"라는 방법론을 천명하였다.

사람의 일생은 순풍에 돛단배처럼 순조로운 것이 아니다. 언제나 이런저런 우여곡절이 있게 마련이다. 총명한 사람은 뜻을 이루는 과정에서 우여곡절을 겪고 나면, '한 번 좌절을 당하면 그만큼 현명해진다'는 것을 알고 일부 경험과 계시를 받아 두 번 다시 같은 착오를 범하지 않는다. 지혜로운 사람은 지난날 겪었던 일들 가운데서 그 어떤 규율을 찾아내고 미리 '장애물'을 피함으로써 받게 되는 손상을 알게 되는 것이다.

지난날의 역사를 거울로 삼아야 오늘을 알고 미래를 향해 온전하게 걸어 나아갈 수 있다. 역사로 남을 설복하는 것은 마치 사람에게 지혜를 불어넣는 것과 같아서 그들은 철저히 깨닫고 즉시 현재의 옳지 않은 행위를 멈추게 된다.

## 때로는 정면보다 반면이 더 자주적이다

남의 말을 되물어 잘 듣는 사람은 귀신처럼 상대의 본심을 읽어내고 거기에 따라 적절히 변화를 주므로 관찰이 심오해진다. 관찰이 깊고 자세하지 않으면 상대방의 본심을 제대로 알 수가 없고 본심을 제대로 알 수 없으면 기준을 확고히 세울 수가 없으니 그 상징과 비유를 변화시켜 반문하여 다시 들어보아야 한다.

故善反聽者, 乃變鬼神以得其情. 其變當也, 而牧之審也. 牧之不審, 得
고 선 반 청 자   내 변 귀 신 이 득 기 정   기 변 당 야   이 목 지 심 야   목 지 불 심   득
情不明, 得情不明, 定基不審. 變象比, 必有反辭, 以還聽之.
정 불 명   득 정 불 명   정 기 불 심   변 상 비   필 유 반 사   이 환 청 지

- 〈반응反應〉

"말은 음성을 듣고 징과 북은 소리를 듣는다"는 속담이 있다. 남의 말을 바르게 듣고 말 밖의 말까지 알아야 한다는 뜻이다. 사람들의 심사心思는 그 어떤 동물보다 복잡하고 의미심장하다. 때로 사람들은 어떤 원인으로 인해 자존심이 스스로 억제되는 경우가 있기 때문에 귀곡자가 "반문하여 다시 물어보아야 한다"고 말한 것처럼 역행 사유를 하면 좋은 효과를 얻을 수 있다.

말 밖의 말을 알아들으려면 평상시 관찰 능력과 독해讀解 능력을 많이 훈련해야 한다. 그때그때의 언어 환경과 결부시켜 언어의 뜻을 분석하고 당시 장소를 상세히 관찰한다면 화자의 말 밖의 말을 어렵지 않게 깨달을 수 있을 것이다.

또한, 말은 마음의 문이므로 그 사람이 지혜로운가 아니면 어리석은가를 그의 말을 듣고 판단할 수 있다. 유세할 때 상대방을 분발시킬 수 없고, 순

종시킬 수 없을 때는 의식적으로 반면적인 자극성 언어를 운용해 보라. 그러면 상대방은 잠재의식이 움직이면서 유세자가 이끄는 대로 따르게 될 것이다.

단, 반문법을 사용할 때는 다음과 같은 점에 유의해야 한다.

1. 반문의 척도를 잘 파악해야 한다. 분별없이 상대를 깔보거나 풍자하거나 수치를 느끼게 해서는 안 되며, 반드시 상대방을 격려하는 쪽으로 인도해야 한다.
2. 반어법의 흐름을 장악해서 너무 급하게 하거나 너무 느리게 해도 역효과를 가져오게 된다.
3. 반드시 상대방의 개성과 특성에 따라 운용해야지 세상 물정에 지나치게 신중하고 보수적이며 의심이 많은 사람에게는 반어법이 좋지 않을 뿐만 아니라 도리어 경계심을 불러일으킨다.

## 일단 생각이 성숙되면 즉시 생동한다

자기를 조용히 하여 상대방의 말을 들어야 하는데 그 일을 거듭 관찰하면서 모든 일을 토론하고 자웅을 분별해야 한다. 비록 그 일과 관계되지 않은 미세한 것이라도 자세히 살펴보아 그 추세를 알아낸다면 마치 사람을 찾아서 그 안에 머물게 하면서 상대방의 능력을 측량하고 상대방의 의도를 적중시키는 것과 같다. 그러면 나타나는 반응이 틀림없게 되어, 마치 등사騰蛇:풍수지리설에서 오방(五方)을 지키는 여섯 신 중의 하나로 '구진(句陳)'과 함께 방위의 중앙을 맡아 지킴. 날아다니는 뱀으로, 풍운을 몰고 온다고 함가 한 군데를 가리키는 것처럼 정확하게 되고, 궁술의 명인이 화살을 쏘는 것처럼 정확해진다.

故用此者, 己欲平靜, 以聽其辭, 察其事, 論萬物, 別雄雌. 雖非其事, 見
고 용 차 자  기 욕 평 정  이 청 기 사  찰 기 사  논 만 물  별 웅 자  수 비 기 사  견

微知類. 若探人而居其內, 量其能, 射其意也. 符應不失, 如騰蛇之所
미 지 류  약 탐 인 이 거 기 내  량 기 능  사 기 의 야  부 응 불 실  여 등 사 지 소

指, 若羿之引矢.
지  약 예 지 인 시

- 〈반응反應〉

바둑을 둘 때, 일단 바둑돌을 들었다면 망설이지 말고 즉시 자기가 생각
하는 점에 놓아야 한다. 그러지 않고 이리저리 망설이다 보면 좋은 자리를
잃을 수도 있고 잘못하면 피동의 경계에 빠져 들어가 남의 조종을 받게 된다.

성공의 길에서 마지막에 성공하느냐 못하느냐의 관건은 바로 좋은 기회
를 놓치지 않고 즉시 행동을 취하는가에 달려 있다. 우유부단은 하나의 치
명적인 약점으로 한 사람의 신심을 무너뜨리거나 판단력을 흐리게 하여 실
패하는 인생을 살게 한다.

삼국지에 나오는 항우는 성격이 우유부단하여 자신이 죽이려고 했던 유
방에 의해 비참한 종말을 맞게 되었다. 흔히 사람들은 "시기를 놓치지 마
라. 때는 다시 오지 않는다"고 말한다.

세상의 모든 일에는 속도를 필요로 하지 않는 것이 없다. 그러면 어떻게
해야 제때에 즉시 결단을 할 수 있는가? 우리는 손을 쓰기 전에 관찰하고
느껴보고 들어보는데, 만약 행동할 생각이 있으면 신속하게 각종 정보를
수집하는 데서 비교적 성숙한 생각을 가지게 되고 따라서 어떻게 해야 할
지를 알게 된다. 특히 갈수록 경쟁이 치열해지는 현실을 감안할 때, 그때그
때 생각할 것이 아니라 즉시 신속하고도 명쾌하게 일을 완성해야 한다.

제3편

내건__
## 상대와의 결속을 잘 만들어 놓아라

어떤 사람들은 도덕으로써 관계가 맺어지고, 어떤 사람들은 지취志趣: 지향하는 바가 같은 친구로서 맺어진다. 또 어떤 사람은 재물로써 맺어지고, 채읍과 여색으로써 맺어진다. 관계가 소원해 보여도 사상이 가까운 것은 몰래 쌓은 덕이 있어서이며, 관계가 본래 친근해도 사상이 소원한 것은 서로 간의 지향이 합치하지 않아서다. 즉, 상대의 진정을 알아야 비로소 자신의 책략을 제정할 수 있다.

### 귀곡자의 생존방법

만약 군주가 스스로 나서려고 한다면 그것을 받아들여 제어해야 하고, 만약 그것을 물리치고자 하는데 위기가 닥쳐 화를 가져올 것 같으면 이

때는 스스로 물러서는 것을 대의大義로 해야 한다.

若命自來, 己迎而御之, 若欲去之, 因危與之, 環轉因化, 莫之所爲, 退
약 명 자 래　기 영 이 어 지　약 욕 거 지　인 위 여 지　환 전 인 화　막 지 소 위　퇴

爲大義.
위 대 의

- 〈버건內揵〉

귀곡자는 말했다.

"영웅이 일단 힘을 쓸 때가 있으면 적극적으로 나아가 공을 세워야 하지
만, 세상일은 예측하기 어렵기 때문에 공을 세웠다 하여 권력과 부귀에 심
취되어 스스로 갈 길을 잊고 화를 초래해서는 안 된다."

역대로 군주와 신하는 고난을 함께 할 수는 있어도 향락은 같이 할 수
없었다. 천하가 태평성세가 되면 군주는 언제나 공신들의 공과 세력이 두려
워 방법과 수단을 가리지 않고 공신들의 세력을 약화시키고 심지어 목숨까
지 빼앗았다. 그러므로 "잡을 새가 없어지면 좋은 활도 깊숙이 간직한다",
"교활한 토끼가 죽고 나면 사냥개는 주인에게 삶아 먹힌다", "적국이 없어
지면 모신謀臣을 없앤다" 등의 말은 오늘날에도 우리에게 경종을 울린다.

자기 몫에 만족할 줄 모르는 사고방식은 인간에게 있어서 치명적인 약점
이다. 부귀로 인하여 교만해지고, 공功을 놓고 자리를 다투는 것은 인간
본성의 과분한 표현이다.

"스스로 물러남을 대의로 한다"는 귀곡자의 말은 은퇴의 책략뿐 아니라
하나의 지혜로운 생존방법임을 알아야 한다.

# 새는 깃들 나무를 선택하고 신하는 섬길 주인을 고른다

군주가 혼암하여 국가를 다스리지 못하고 신하들이 혼란하여 사리를 깨
닫지 못한다면, 책략을 건의하여 그것을 뒤집어야 한다. 또한, 안에서는
자기를 받아들이려 하는데 외부에서 자기의 말을 받아들이지 않는다면
그것을 뛰어넘어야 한다.

上暗不治, 下亂不寤, 揵而反之. 內自得而外不留, 說而飛之.
상 암 불 치   하 란 불 오   건 이 반 지   내 자 득 이 외 불 류   설 이 비 지

- 〈내건內揵〉

　여기에서 귀곡자는 "군주가 혼암하여 국가를 다스리지 못하고 신하들이
혼란하여 사리를 깨닫지 못하는 상황에서는 반드시 그것을 뛰어넘어 자기
가 섬길 군주를 선택하여 그를 따라야 한다"고 신하를 지지하는 강한 태
도를 보여주고 있다.

　귀곡자의 이 주장은 오늘에 와서도 여전히 뜻 깊은 교육적 의의를 담고
있다. 그것은 어떤 사람이든 간에 자기의 지혜와 재능을 발휘하려면 우선
자기의 생존과 발전에 적합한 환경을 선택해야 한다는 것이다.

　사리를 깨닫지 못한다면 책략을 건의하여 그것을 뒤집어야 하고, 자기의
말을 받아들이지 않으면 그것을 뛰어넘어야 한다는 귀곡자의 말은 만약 새
로운 환경과 새로운 임무가 하나의 압력이 될 수도 있는데, 이러한 압력은
새로운 일을 하는 데 있어서 동력이 될 수 있을 뿐 아니라 자신의 능력을
제고하고 새로운 환경에 적응하게도 할 수 있다는 것이다.

　만약 뛰어넘는 곳이 자기의 장점을 발휘하는 데 유리하고 잠재능력이 있
는 이상적인 곳이라면 그 이상 좋은 곳이 없을 것이다. "물은 낮은 곳으로
흐르고, 사람은 높은 곳으로 간다"는 말처럼 고수해 온 나쁜 버릇을 포기
하고 생명력이 강한 새로운 천지로 나아가야 한다.

제4편

저희__
틈은 미리 봉인하라

천지개벽의 생성에 시작과 끝이 있어 온 이래 틈새는 반드시 있었는데, 이것을 잘 살펴야 한다. 이 틈새를 살펴 저희抵巇를 잘 사용하는 사람이 바로 성인이다. 성인이 천지를 다스리는 데 있어서 세상의 틈새를 막을 수 없다면 은밀한 곳을 찾아서 시기를 기다리고 틈새를 막을 수 있는 때가 이르면 모략을 내놓는데, 이렇게 하면 군주와 합칠 수도 있고, 아래를 살필 수도 있으며, 원인에 따라 능히 대처하므로 천지를 위하여 자기의 정신을 지킬 수 있는 것이다.

**형세를 더욱 좋게 변화시켜야 한다**

세상이 다스려질 수 있다고 판단되면 균열의 틈새를 미리 막아 봉쇄하고, 세상이 다스려질 수 없다고 판단되면 틈새를 미리 막아 세상을 얻는다. 이렇게 막기도 하고 저렇게 막기도 하는데 그 틈새의 싹을 미리 막아 아예 세상을 뒤집어 버리기도 한다. 여기서 오제五帝:복희, 신농, 황제, 요, 순의 정치는 그것을 미리 막아서 봉쇄한 것이고, 삼왕三王:하조 우왕, 상조 탕왕, 주조 문왕의 정치는 그것을 미리 막아서 세상을 얻은 것이다. 제후들이 그것을 막으려 하나, 막는 법을 모르니 이때에는 틈새의 싹을 잘 막는 자가 승리를 얻을 수 있다.

世可以治則抵而塞之, 不可治則抵而得之. 或抵如此, 或抵如彼. 或抵
세 가 이 치 즉 저 이 색 지  불 가 치 즉 저 이 득 지  혹 저 여 차  혹 저 여 피  혹 저

反之, 或抵覆之. 五帝之政, 抵而塞之. 三王之事, 抵而得之. 諸侯相抵,
반 지  혹 저 복 지  오 제 지 정  저 이 색 지  삼 왕 지 사  저 이 득 지  제 후 상 저

不可勝數. 當此之時, 能抵爲右.
불 가 승 수  당 차 지 시  능 저 위 우

- 〈저희抵巇〉

귀곡자가 "세상이 다스려질 수 있다고 판단하면 그것을 미리 막아 봉쇄하고, 세상이 다스려질 수 없다고 판단되면 그것을 미리 막아 세상을 획득한다"는 주장은 세상 만물의 발전 법칙이 바로 변화라는 것이다. 인간이 대자연과 함께 영원히 생존하려면 개혁하고 부단히 창조해야 함을 알아야 하고, 또한 그것이 매우 필요하다는 사실도 알아야 한다.

삶이란 아주 괴상해서 사람의 생각대로 되는 것이 아니다. 성공하려고 하는 가장 좋은 방법은 바라기만 하는 안일에서 벗어나 적극적으로 개혁하고 창조해야 한다. 훌륭한 전통은 계승하고 발전시키며, 남은 병폐는 과감히 포기할 때 세상이 더욱 좋게 변했음을 발견하게 될 것이다.

현재는 정보기술이 대단히 발전했고, 경쟁이 몹시 치열해졌다. 이러한 환경에서 자기의 위치를 찾으려면 반드시 개혁과 창조의 개념을 확고히

수립하여야 하고, 여의치 않은 것을 뜻에 맞게 하며 곤경을 순경으로 이끌어야 한다. 개혁과 창조가 없으면 발전이 없고, 필연적으로 도태하게 된다. 개혁과 창조는 하나의 전략이기 때문이다.

## 균열의 싹을 잘라내야 위기를 미연에 방지할 수 있다

희巇는 큰 틈새인데 큰 틈새는 바로 작은 틈새와 같다. 작은 틈새가 큰 틈새가 되기 때문이다. 틈이 벌어지기 시작할 때는 징조가 있으므로 이것을 안다면 미리 차단하여 막을 수 있고, 차단하여 물리칠 수 있으며 차단하여 끝낼 수도 있고 차단하여 감출 수도 있다. 또한, 차단하여 얻을 수도 있으니 이것을 가리켜 '틈새를 막는 이치'라 한다.

일의 위험성을 성인이 미리 알아 홀로 그 위험한 작용을 막을 수 있는 것은 일을 그 변화에 따라 이해하여 이미 계략이 서서 그 작은 위험을 인식한 것이다. 이는 가을 깃털처럼 그렇게 미세한 것들을 통하여 태산의 밑뿌리까지 흔드는 것이니 이 때 시행한 '싹을 잘라버린다'는 모략은 모두가 틈새를 미리 봉하는 방법에 해당한다. 이리하여 틈새를 미리 막는 것이 처세의 권모술수가 되는 것이다.

巇者罅也, 罅者澗也, 澗者, 成大隙也. 巇始有朕, 可抵而塞, 可抵而却,
희 자 하 야  하 자 간 야  간 자  성 대 극 야  희 시 유 짐  가 저 이 색  가 저 이 각

可抵而息, 可抵而匿, 可抵而得, 此謂抵巇之理也. 事之危也, 聖人知
가 저 이 식  가 저 이 닉  가 저 이 득  차 위 저 희 지 리 야  사 지 위 야  성 인 지

之, 獨保其用, 因化說事, 通達計謀, 以識細微. 經起秋毫之末, 揮之於
지  독 보 기 용  인 하 설 사  통 달 계 모  이 식 세 미  경 기 추 호 지 말  휘 지 어

泰山之本. 其施外, 兆萌芽蘖之謀, 皆由抵巇, 抵巇, 隙爲道術.
태 산 지 본  기 시 외  조 맹 아 설 지 모  개 유 저 희  저 희  극 위 도 술

- 〈저희抵巇〉

"희隙는 큰 틈새이나 큰 틈새는 바로 작은 틈새와 같은 것이니 작은 틈새가 큰 틈새가 되기 때문이다."

유물변증법적인 색채를 띠고 있는 귀곡자의 이 말은, 우리에게 사물의 발전은 모두 다 양적 변화로부터 질적 변화를 일으킨다는 원리를 알려준다.

예를 들면, 사회생활과 사업에서 봉착하게 되는 이런저런 위기는 모두 다 작은 것이 축적되면서 점차적으로 발전하여 이루어진 것이다. 그러므로 진전 과정에서 일단 작은 틈새가 감지되고 또 발생할 때는 즉시 제거해야 한다. 작은 틈이 큰 틈으로 발전이 되듯이 아주 작은 문제가 점점 발전하여 큰 문제로 발전하고 나중에는 그 손실을 미봉할 방법이 없게 된다. 그러므로 작은 문제라고 소홀히 하지 말고 제 때에 과감하게 해결한다면 큰 위기를 효과적으로 방지할 수 있다. 대다수의 위기는 그 변화 발전을 감지하고 발견하기가 쉽지 않기 때문에 항상 위기에 대한 경각심을 높여야 한다. 그리고 위기를 미연에 방지하고 소멸하는 데는 단지 결심과 용기만 있어서는 안 되고 반드시 실제적이고도 효과적인 조치가 따라가야 한다.

## 내력이 바르지 않으면 물 한 모금도 마시지 않는다

사물에는 자연이 있고, 일에는 헤어짐과 만남의 도리가 있다. 가까이 있어도 깨닫지 못하는 수가 있고, 멀리 떨어져 있어도 알 수가 있다. 가까이 있어도 깨닫지 못하는 것은 상대방의 말을 관찰하지 않았기 때문이고, 멀리 떨어져 있어도 알 수 있는 것은 과거를 반성하여 미래를 검증하기 때문이다.

物有自然, 事有合離, 有近而不可見, 有遠而可知. 近而不可見者, 不察
물유자연  사유합리  유근이불가견  유원이가지  근이불가견자  불찰

其辭也, 遠而可知者, 反往以驗來也.
기 시 야　원 이 가 지 자　반 왕 이 험 래 야

- 〈저희抵巇〉

"가까이 있어도 깨닫지 못한다."

귀곡자의 이 말은 가까이 있는 사물은 너무 평범하여 그것에 습관이 되어 본 것도 안 본 것 같고, 들은 것도 안 들은 것 같다는 것이다.

일상에서 평범한 사물을 중시하지 않는 것은 바로 그 사물 자체가 너무 작고 너무 평범하기 때문일 것이다. 세상 만물은 모두 다 양적 변화로부터 질적 변화 과정을 거쳐 작은 것이 발전하여 크게 된 것이다.

가령 한 사람이 자신을 수양하는 데 힘쓰지 않고 미세한 악습악행을 합리적으로 처리할 줄 모른다면 이 또한 점차적으로 크게 확대될 것이다. 그러므로 작은 악습일지라도 제때에 제거하지 않으면 앞으로 그것이 큰 우환이 될 수 있다. 아무리 작아도 내력이 바르지 않으면 무엇이든지 철저하게 제거하고 포기해야 하는 이유다.

작은 것과 큰 것은 상대적이지만 선과 악은 절대적이다. 작은 선행이라고 몸소 하지 않거나 사소한 나쁜 일이라고 대수롭지 않게 여긴다면, 그것들이 점차적으로 정도가 다르게 축적되면서 그 결과는 예상치 못한 결과를 초래하게 된다. 그러므로 우리는 '큰 잘못도 아닌데…' '작은 잘못쯤 뭐…'하는 습관을 과감하게 버려야 한다.

제5편

비겸__
# 상대의 비위를 맞추면서 마음을 얻어라

술수를 천하에 적용하려면 반드시 천하의 상황을 고려해야 하고, 그것을 한 국가에 적용하려면 반드시 그 국가의 상황을 고려해야 한다. 또한, 그것을 가정에 적용하려면 반드시 그 가정의 상황을 고려해야 하고, 그것을 남에게 적용하려면 반드시 상대방의 재능과 기세를 고려해야 한다.

크고 작은 진퇴에서 그 사용법은 하나이니 반드시 먼저 모략을 생각한 후에 적당한 계책이 정해지면 칭찬하면서 협박을 하는 비겸술로써 그것을 행하는 것이다.

## 남을 믿고 성의를 다해 교제한다

사람을 대하려면 그 사람의 지혜와 능력을 측량하고 그 사람의 기세를 고려해야 한다. 이것을 판단의 중심으로 하여 그를 받아들여 따르거나 그를 협박하여 평화롭게 지내거나 뜻을 같이 하여 의좋게 지내거나 하는 것을 비겸술이라고 한다.

이 비겸술을 사람에게 잘 사용하면 빈 것이 가도 실질적인 것은 오게 된다. 그러므로 이것을 잘 거두어 잃어버리지 않도록 그의 말뜻을 연구한다면 협박하여 자유자재로 할 수도 있으며, 회복하도록 할 수도 있고 넘어지게 할 수도 있다. 다만 비록 넘어져도 다시 회복할 수 있으니 그 도를 넘어서면 안 된다.

用之於人, 則量智能, 權材力, 料氣勢, 爲之樞機. 以迎之隨之, 以箝和
용지어인 즉량지능 권재력 료기세 위지추기 이영지수지 이겸화

之, 以意宣之, 此飛箝之綴也. 用之於人, 則空往而實來, 綴而不失, 以
지 이의선지 차비겸지철야 용지어인 즉공어이실래 철이불실 이

究其辭, 可箝而縱, 可箝而橫, 可引而東, 可引而西, 可引而南, 可引而
구기사 가겸이종 가겸이횡 가인이동 가인이선 가인이남 가인이

北, 可引而反, 可引而覆. 雖覆能復, 不失其度.
북 아인이반 가인이복 수복능복 불실기도

- 〈비겸飛箝〉

귀곡자는 우리에게 "뜻을 같이하여 의좋게 지내야 한다"고 강조한다.

옛 글에도 "다정함은 도덕에서 최대의 비밀이다"라는 말이 있다. 이 말 역시 현대인이 새겨 두어야 할 하나의 준칙으로서 생활의 미덕을 구체적으로 표현한 것이다.

사람을 다정하게 대하는 것은 일종의 애심愛心의 표현이며, 인생의 지혜다. 사람들은 누구나 사회생활 속에서 사랑과 따뜻한 감정을 필요로 한다. 물론 딱딱하고 거칠고 냉정한 가면의 얼굴로 사람을 대하는 현실을 부인할 수 없다.

생활은 하나의 거울이다. 만약 거울 앞에서 거칠고 난폭한 태도로 서 있으면 거울 속의 나 역시 난폭한 태도로 서 있음을 발견하게 되고, 만약 거울 앞에서 웃는 모습으로 서 있으면 거울 속의 나 역시 같은 모습으로 서 있는 것을 발견할 수 있게 된다.

"당신이 하루 동안 사랑한 마음은 남에게 일생 동안의 감사를 가져다준다"는 격언이 있다. 만약 일생 동안 이 격언을 잊지 않는다면 미덕의 비밀을 체득하게 될 것이다.

## 격식에 구애 없이 현인을 초빙하라

무릇 권세와 능력을 잘 계산해야만 현인들을 초빙하여 세력을 키우며, 세상일을 통제할 수 있다. 그러나 반드시 우선되어야 하는 것이 있다. 자신과 그의 차이를 관찰하고, 옳고 그른 말을 구별하여 안팎의 소문을 살펴보고 유무의 정도를 알아내는 것이다. 그리하여 안전과 위험의 계책을 결정하고 멀고 가까운 일의 순서를 확정해야 한다. 그래야 상대방의 권세와 능력을 계산하여 거기에 보이지 않게 숨겨진 것이 있다면 비로소 그를 초청할 수 있고, 그에게 요구할 수도 있으며 그를 등용할 수도 있기 때문이다.

凡度權量能, 所以征遠來近. 立勢而制事, 必先察同異, 別是非之語, 見
범 도 권 량 능　소 이 정 원 래 근　입 세 이 제 사　필 선 찰 동 이　별 시 비 지 어　견

內外之辭, 知有無之數, 決安危之計, 定親疎之事, 然後乃權量之, 其有
내 외 지 사　지 유 무 지 수　결 안 위 지 계　정 친 소 지 사　연 후 내 권 량 지　기 유

隱括, 乃可征, 乃可求, 乃可用.
은 괄　내 가 정　내 가 구　내 가 용

- 〈비겸飛箝〉

나라는 인재로 세워지고 정치는 인재로 다스려지고 기업은 인재로 흥성시킨다. 인재는 자고이래 한 국가를 발전시키는 가장 귀한 자원으로서 국가의 흥망성쇠의 관건이다. 그러나 지금 인재시장에서는 우수한 인재를 얻기가 힘들다고 한다.

사실 이면은 그렇지 않다. 그 주요 원인은 우수한 인재들은 있지만 인재를 사용하는 부분에 있어서나 지도자들의 인재에 대한 편차의식 때문이다. 진정한 인재를 선발하려면 인재선발에 대한 보수적인 사상과 편차의식을 버리고, 시대의 안목으로 아무런 구애 없이 인재를 선발하는 사상을 확고하게 수립해야 한다.

# 제6편

# 오합_
# 상대의 형세에 올라 대세를 따르다

귀곡자는 "연합과 대립은 모두 다 상응한 책략이 있으며, 이 두 상태는 상호 전환될 수 있다"고 주장했다. 귀곡자의 오합忤合: 대세에 추종하거나 배반한다는 뜻은 바로 자기를 잘 파악한 상태에서 형세를 정확하게 판단하고 자기의 입장을 지혜롭게 결정하여 누구와 연합해야 하고 누구를 반대해야 하는지를 알아야 할 뿐 아니라 합종合縱과 연횡連橫도 할 수 있으며 전진과 후퇴도 할 수 있다는 것도 잘 알아야 한다. 이렇게 해야만 주도권을 쟁취할 수 있고, 자기의 목표를 실현할 수 있다.

## 연합과 대항의 관계

추세에 연합이든 배반이든 그에 대한 계책이 적합하다면 그 변화가 서로 연결되지만, 그 변화에도 각각의 구체적인 배경과 현실 상황이 있다. 그러므로 연합과 배반이라는 것도 구체적인 일에 따라 처리해야 한다.

凡趨合倍反, 計有適合. 化轉還屬, 各有形勢. 反覆相求, 因事爲制.
범 추 합 배 반   계 유 적 합   화 전 환 속   각 유 형 세   반 복 상 구   인 사 위 제

- 〈오합忤合〉

"독불장군 없다"는 말이 있듯이 현대사회에서 무슨 일에서나 나 홀로 성사시키고 발전하기는 여간 어려운 일이 아니다. 남들과 손잡는 법을 배워야 한다. 역사적으로 볼 때 멀리 내다볼 줄 아는 정치가들은 모두 다 합작하고 연합하는 방식으로 쌍방의 역량 대비를 변화시켜 자신은 곤경에서 벗어나곤 했다.

복잡다단한 사회생활에서 어떻게 합작할 사람을 선택하고 누구와 연합하고 누구와 대항할 것인가를 정해야 한다. 그리고 쌍방의 서로 다른 목표와 형세에 따라 자기에게 맞는 것을 판단하고 결정하는 것이다.

연합과 대항은 불과 물의 관계가 아니다. 서로 의존하면서 변화하고 발전하기에 오늘은 생존을 위해 투쟁하다가도 내일은 손을 맞잡고 함께 진보, 발전하기 위해 연맹할 수도 있는 것이다. 그러므로 연합과 대항의 양자 관계를 잘 처리하는 것은 매우 지혜로운 행동이 아닐 수 없다.

## 선견지명을 가지려면 관찰과 판단을 잘해야 한다

성인이 천지 사이에 존재하면서 교화를 시행하며 입신양명하는 이유가 있다. 우선, 사물의 만남을 보아 천시가 올바른지를 관찰하고, 자신이 상

응한 결정을 진행한 데에 대한 이익과 손실이 타당한지 미리 상황을 예측한다. 예측에 따라 형세나 국면을 바꾸고 달라지게 하기 때문이다.

是以聖人居天地之間, 立身御世, 施敎揚聲明名也, 必因事物之會, 觀
시 이 성 인 거 천 지 지 간   입 신 어 세   시 교 양 성 명 명 야   필 인 사 물 지 회   관

天時之宜, 因之所多所少, 以此先知之, 與之轉化.
천 시 지 의   인 지 소 다 소 소   이 차 선 지 지   여 지 전 화

- 〈오합忤合〉

전략과 전술은 전쟁에서 결정적인 작용을 하는 책략이다. 누가 선견지명이 있어서 선제권을 틀어쥐고 주도권을 잡는가에 따라 승패 여부가 좌우된다.

사람은 신선이 아니기 때문에 오백 년 전의 일이나 오백 년 후의 일을 알아맞힐 수는 없다. 그러나 선견지명이 있는 사람이라면, 사물 사이의 연관성을 통찰하는 예지의 능력으로 미래의 발전 추세를 판단하는 것이 가능하다.

세상의 만물은 모두 다 부단히 운동하고, 운동하는 사물은 모두 다 주위 사물에 영향을 미친다. 그러므로 세상의 사물에 영향을 끼치지 않는 사물은 없다. 우리가 흔히 말하는 '연관성이 없다'는 말은 그저 사물 사이의 작용이 미세하거나 사물 사이의 연관성을 발견하지 못했을 때 하는 말이다. 그러므로 선견지명을 가지려면 우선 일상생활에서 사물 사이의 연관성에 대해 관찰하고 유리한 시기를 틀어쥐어야 한다. 그렇게 득실을 따져 보고 제 때에 방침과 정책을 조정하고 변화시켜 나간다.

바쁘게 살아가는 현대에서도 틈틈이 신문을 보고 뉴스를 보면서 정치, 경제 등에 대해 관심을 가지고 바르게 연구하고 사고한다면, 간단하게나마 국가의 정책이나 금융시장의 발전 추세에 대해 어느 정도 추측

할 수 있게 된다. 만약 매일 보고, 관심을 가진다면 '선견지명'을 하게 되는 일이 그리 어려운 일이 아닐 수도 있다.

## 원칙과 입장을 견지하고 자기의 길을 가다

세상에 영원히 귀한 것은 없고, 일에 영원한 스승은 없다. 성인이 항상 일을 해도 못하는 일이 없고, 항상 들어도 못 듣는 소리가 없는 이유는 일을 함에 있어서 그것은 반드시 계략에 맞도록 하기 때문이다. 남과 합치고 자기 쪽을 떠났다가도 계략이 맞지 않았다면 반드시 다시 뒤집는 것이다.

世無常貴, 事無常師. 聖人常爲無不爲, 無所聽無不聽. 成於事而合於
세 무 상 귀  사 무 상 사  성 인 상 위 무 불 위  무 소 청 무 불 청  성 어 사 이 합 어
計謀, 與之爲主. 合於彼而離於此, 計謀不兩忠, 必有反忤. 反於是, 忤
계 모  여 지 위 주  합 어 피 이 리 어 차  계 모 불 량 충  필 유 반 오  반 어 시  오
於彼, 忤於此, 反於彼.
어 피  오 어 차  반 어 피

- 〈오합忤合〉

귀곡자가 말한 '오합忤合'은 바람에 따라 흔들리는 갈대처럼 원칙과 입장이 없는 것이 아니다. 정세에 따라 자기가 가야 할 길을 지켜 나가는 것을 말하는 것이다. 교묘한 수단으로 기회를 틈타 사리사욕을 취하는 사람들은 잠깐의 이익을 취하는 게 가능할 수 있지만, 시간이 지나면 사람들이 그들의 허위 사실을 발견하게 되고 그렇게 되면 그들과 함께하려 하지 않는다. 이러한 경우 그들은 편취한 성과나마 잃게 될 뿐 아니라 더욱 무서운 것은 그 누구도 그들을 신뢰하지 않게 된다는 것이다.

말을 타고서도 더 나은 것을 얻기 위해 다른 또 한 마리의 말에 양 다리를 걸치는 사람이 있다. 그는 그것을 가장 안전하고 합당한 방법으로 생각하지만 사실은 그렇지 않다. 낙마자落馬者는 낙수자落水者임을 명심해야 한다. 자기가 갈 길을 고수하는 것은 성공의 전제가 된다. 성공한 수많은 사람들은 성공하기 전에 심혈을 기울여 인생을 설계하고 자기가 해야 할 일을 발견하기 위해 노력한다. 그렇게 바르게 완성한 후 자기의 원칙과 입장을 고수하면서 동요 없이 자기가 갈 길을 가는 것이다.

제7편

췌편__
세상의 흐름을 읽어 속셈을 파악하라

췌편揣篇에서 췌揣란 '잰다'는 뜻이다. 귀곡자의 췌편은 이렇게 시작된다.
"자고로 천하를 잘 쓰는 사람은 반드시 천하의 저울을 잘 달아 제후들
의 진심을 알아냈다. 권세를 제대로 살펴보지 못하면 강약과 경중을 알지
못하고, 진심을 꿰뚫어보지 못하면 숨어 있는 변화의 양상을 파악하지 못
한다." 즉, 헤아림을 잘하는 사람은 존귀해지고 중시되고 이익을 보고 성공
하지만, 그렇지 않은 사람은 비천해지고 경시되고 손해보고 실패하게 된다
는 뜻이다.

상대방이 예봉(銳鋒)을 피했다 하여 실패했다고 보지 않는다

옛날 천하를 잘 이용하는 자는 반드시 천하의 권력을 계량하고 제후들의

정세를 상세히 조사하였다. 이는 권력을 깊이 계량하지 못하면 제후들의 강약과 경중을 알 수 없고, 제후들의 정세를 상세히 알지 못하면 그들의 숨겨진 변화의 동정을 알 수 없기 때문이다.

古之善用天下者, 必量天下之權, 而揣諸侯之情. 量權不審, 不知强弱
고 지 선 용 천 사 자　필 량 천 하 지 권　이 췌 제 후 지 정　량 권 불 심　불 지 강 약
輕重之稱, 揣情不審, 不知隱匿變化之動靜.
경 중 지 칭　췌 정 불 심　불 지 은 닉 변 화 지 동 정

- 〈췌편揣篇〉

만약 경쟁에서 내가 우세하여 상대방의 경쟁 영역을 빼앗는다면 그것은 더할 나위 없이 좋은 일일 것이다. 하지만 상대방의 우세가 확실하여 자신의 승부에 대한 파악이 근본적으로 없을 뿐만 아니라 현실적으로도 아무런 이익이 없을 때는 어떻게 할 것인가?

귀곡자는 "천하의 권력을 계량하고 제후들의 정세를 상세히 조사하라"고 말했다. 즉 상대방의 강약, 경중의 정황을 명백히 알고 또 더 나아가 자기의 행동 방향을 결정하는 것이다.

고대 호걸들이 호랑이를 잡을 때는 호랑이와 정면충돌하여 때려잡는 경우가 거의 없었다. 호랑이가 흉악하게 덮쳐 올 때는 영리하게 몸을 숨겨 예봉을 피하는 것이다. 여러 번 반복하는 과정에서 호랑이의 예기銳氣가 감소되고 체력이 빠져서 감정을 제어할 수 없는 상태일 때 호랑이에게 공세를 가한다면 쉽게 때려잡을 수 있게 된다.

시장의 주도권을 확실하게 장악한 사람이 우승자다. 그러나 주도적으로 후퇴하여 승리할 수 있는 기회를 찾거나 조성하는 사람은 더욱 걸출한 인재다. 이런 사람은 실패를 통해 오히려 승산을 몇 배로 증가시키고 실패를

승리로 전환시키는 좋은 기회로 삼는다.


## 파악이 되지 않은 싸움은 하지 않는다

나랏일을 계획하는 사람은 당연히 세력을 자세히 계량해야 하고, 군주에게 말하려면 정세를 자세히 조사해야 한다. 그러나 모략은 정세와 욕망을 생각하는 데서 출발해야 귀히 쓰일 수도 있고 천하게 쓰일 수도 있으며, 무겁게 쓰일 수도 있고 가볍게 쓰일 수도 있다. 또 이익을 볼 수도 있고 손해를 볼 수도 있으며 이룰 수도 있고 실패할 수도 있다. 그러므로 가장 우선되어야 할 것은 정세와 욕망을 판단하는 것이다. 비록 옛날 선왕의 도와 성현의 모략을 가지고 있다 하더라도 숨겨진 정세를 자세히 살피지 않으면 숨겨진 사정들을 알아낼 수 없다.

故計國事者, 則當審權量, 說人主, 則當審揣情 謀慮情欲必出於此. 乃
고 계 국 사 자   즉 당 김 권 량   설 인 주   즉 당 심 췌 정   모 려 정 욕 필 출 어 차   내

可貴, 乃可賤, 乃可重, 乃可輕, 乃可利, 乃可害, 乃可成, 乃可敗, 其數
가 귀   내 가 천   내 가 중   내 가 경   내 가 리   내 가 해   내 가 성   내 가 패   기 수

一也. 故雖有先王之道, 聖智之謀. 非揣情, 隱匿無可索之.
일 야   고 수 유 선 왕 지 중   성 지 지 모   비 췌 정   은 닉 무 가 색 지

- 〈췌편揣篇〉


귀곡자가 말한, '세력을 자세히 계량하고 정세를 자세히 조사하는 것'은 계책을 획책하는 전제조건으로서 군주를 유세하는 기본 법칙이다. 즉 기본 사실을 파악한 기초 위에서 세밀하게 분석하고 판단하여 제일 좋은 행동방안을 만드는 것이다.

승전하는 군대는 언제나 사전에 필승의 형세를 취한 다음 적과 싸우지

만, 패전하는 군대는 언제나 먼저 싸우고 후에 승리를 얻고자 꾀한다. 싸우려면 반드시 이기는 싸움을 해야 하는데, 우선 싸우기 전에는 "적을 알고 나를 알면 백번 싸워도 위태롭지 않다"는 사실을 잘 알아야 한다.

   적군과 아군 쌍방의 정황을 알아야 하고, 앞을 미리 예측하여 정보를 장악하고 전체적인 형세에 따라 계책을 진행해야 한다. 이런 과정에서 반드시 객관적 실제에 초점을 맞추어 보아야지 주관적으로 억측을 해서는 위험하다. 우리는 상대방의 행동을 직접 관찰할 수 없기 때문에 상대방이 가능한 한 접촉할 수 있는 사물에 대해 파악해야 한다. 이러한 사물은 하나의 거울과 같아서 상대방의 상태나 진실한 동향을 우리에게 반사시켜 주어 우리가 충분한 준비할 수 있도록 도움을 준다.

# 제8편

## 마편__
## 상대의 본심을 헤아리며 탐지해 나가라

조용히 은밀하게 상대방의 욕망을 건드리면서 본심을 탐지해나가면, 반드시 안에서 반응이 오게 마련이다. 반응이 오면 상대는 반드시 그것을 한다. 그때는 은밀히 거리를 두는데, 이는 구멍을 막아 꼬리를 숨기고, 외양을 숨겨 본심을 감추니 다른 사람들이 나의 행위를 눈치채지 못하도록 하는 것이다. 상대가 바라는 것으로 살며시 어루만져 주면서 그의 내심을 헤아려서 탐색하면, 상대 내부의 부합된 감정이 반드시 반응하게 되어 있다.

### 겸손한 사람이 대업을 성취한다

옛날에 탐구를 잘하는 사람은 낚싯대를 들고 깊은 연못가에 앉아서 미끼를 던져 넣으면 반드시 고기를 낚았다. 이와 같이 추진하는 일이 매번 성

공하나 누구도 그것을 모르고 군사가 매번 승리하나 사람들은 그것을 두
려워하지 않는다고 했다.

성인은 음陰에서 계획하므로 그것을 신神이라 하고 양陽에서 그것을 이
루므로 그것을 명明이라 하는데, 소위 추진하는 일들이 매번 성공하는
덕을 쌓아 백성들이 그로 인해 편안해져도 그들은 그 이익의 원인을 모
르고 선善을 쌓아 백성들이 그것으로 길을 삼아도 그들은 그 원인을 모
르므로 천하의 사람들은 그것을 비유하여 신명神明이라고 하는 것이고,
군사가 매번 승리하여도 항상 전쟁을 하지 않고 싸워서 비용이 들지 않
으므로 백성들은 어떻게 적을 복종시키는지 모르므로 두려워하는 바를
모르고 천하의 사람들은 그것을 비유하여 신명이라고 하는 것이다.

古之善摩者, 如操鈞而臨深淵, 餌而投之, 必得魚焉. 故曰, 主事日成,
고 지 선 마 자  여 조 구 이 림 심 염  이 이 투 지  필 득 어 언  고 왈  주 사 일 성

而人不如, 主兵日勝, 而人不畏也. 聖人謀之於陰, 故曰, 神成之於陽,
이 인 불 여  주 병 일 승  이 인 불 외 야  성 인 모 지 어 음  고 왈  신 성 지 어 양

故曰, 明所謂主事日成者, 積德也, 而民安之, 不知其所以利, 積善也.
고 왈  명 소 위 주 사 일 성 자  적 덕 야  이 민 안 지  불 지 기 소 이 리  적 선 야

而民道之, 不知其所以然, 而天下比之神明也. 主兵日勝者, 常戰於不
이 민 도 지  불 지 기 소 이 연  이 천 하 비 지 신 명 야  주 병 일 승 자  상 전 어 불

爭不費, 而民不知所以服, 不知其所以畏, 而天下比之神明.
쟁 불 비  이 민 불 지 소 이 복  불 지 기 소 이 외  이 천 하 비 지 신 명

- 〈마편摩篇〉

"추진하는 일이 매번 성공하나 누구도 그것을 알지 못한다"는 말은 사
람 됨됨이를 두고 하는 말이다. 즉 사람 됨됨이에서 허장성세虛張聲勢로
남들의 이목을 끌지 않고, 무슨 일을 성공해도 자랑하지 않으며 성공했
을지라도 자만하지 않는 품성을 말하는 것이다.

사회생활에서 처세할 때는 더욱 겸손이 필요하다. 겸손은 사람들과
일을 도모함에 있어서 특히 필요하지만 자신을 보호하는 데에도 꼭 필

요하다. 겸손은 다른 사람들과 사귈 때 어려움이 없어서 마음이 편하고 이로 인해 다른 사람들로부터 존경과 신뢰를 얻으면서 좋은 관계를 형성하게 한다. 겸손은 일종의 경계이고 흉금이며 풍모와 재능이어서 철학으로 큰일을 성취하는 데 있어서 훌륭한 자세이고 지혜다.

고금으로부터 무릇 인품이 뛰어나고 고상한 사람들은 언제나 그 기조基調가 낮으나 처세의 표준은 매우 높았다. 그리하여 기묘한 인과관계가 맺어져 겸손한 사람일수록 성취도 크고 명성도 높아 사람들에게 모범이 되었다.

'금의환향'하고자 하는 심리는 누구나 가지고 있다. 특히 큰소리를 쳐야 명성을 얻을 수 있고, 명성이 곧 가치라는 인식이 팽배한 현실에서 누가 경솔히 명성을 떨칠 기회를 저버릴 수 있겠는가. 그러므로 성공하기도 어렵지만 겸손은 더욱 어렵기 때문에 고상한 인격자가 되려면 더욱 깊이 있게 성공을 깨달아야 한다.

# 제9편

## 권편__
## 대화로 상황을 주도한다

남의 마음을 추측하고 탐색한다는 것은 상대방을 파악하는 하나의 기교
이다. 남을 파악하자면 의기투합이 되어야 하고 또한 언어에 각별한 주의가
필요하다. 그래야만 상대방의 마음을 헤아려 탐색할 수 있고, 상대방의 진
실한 의도를 명백하게 파악할 수 있게 된다. 이렇게 되면 말을 해도 독창성
이 있게 되고, 주옥같은 말이 조리가 뚜렷하여 사람들이 그의 말을 즐겁게
따르게 된다.


## 잔재주를 부려 말하는 것은 공명정대하게 말하는 것보다 못하다

말한다는 것은 유세를 한다는 것이고, 유세를 한다는 것은 남을 돕는 것
이며, 말을 꾸미는 것은 남을 오도誤導한다는 것이고, 남을 오도한다는

것은 남의 손해를 더하는 것이다. 옳다고 응대하는 것은 말을 쉽게 한다
는 것이요, 말을 쉽게 한다는 것은 논리가 간명하다는 것이다. 의를 이룬
다는 것은 남을 밝히는 것이고 남을 밝히려면 경험에 부합해야 한다.

說者, 說之也, 說之者, 資之也. 飾言者, 假之也, 假之者, 益損也. 應對
설 자  설 지 야  설 지 자  자 지 야  식 언 자  가 지 야  가 지 자  익 손 야  응 대
者, 利辭也, 利辭者, 輕論也. 成義者, 明之也, 明之者, 符驗也.
자  리 사 야  리 사 자  경 론 야  성 의 자  명 지 야  명 지 자  부 험 야

-〈권편權篇〉

군자가 조심해야 할 세 가지 중의 하나가 입이다. 입은 참으로 교묘한 물
건이어서 말을 할 뿐만 아니라 무엇을 말하겠다면 무엇을 말할 수 있는 능
력을 갖추고 있다. 검은 것을 희다고 할 수 있고, 죽은 것을 살아있다고 할
수 있는 것이다. 그러나 공명정대하게 진실한 말을 하는 것이야말로 입의
가장 효과적인 기능이자 최고의 미덕이다.

지금까지 사람들은 사람을 알고 교제할 것을 주장해 왔으며, 모르는 사
람에 대해서는 항상 경계심을 가져왔다. 귀곡자도 이렇게 말했다.

"의를 이룬다는 것은 남을 밝히는 것이고 남을 밝히려면 경험에 부합해야
한다."

말을 할 때, 빙빙 에둘러서 숨바꼭질을 하면서 잔재주를 부려 상대방으
로 하여금 놀라게 하고 의심을 갖게 하는 것보다는 차라리 공명정대하게
진실한 말을 하는 것이 훨씬 효과적이다. 진실하고도 성의 있는 말은 마음
속으로부터 우러나오는 말이다. 만약 당신이 남들을 대할 때 마음의 문을
활짝 열고 공명정대하게 솔직하고 성실하게 임한다면, 그들의 마음이 자연
스럽게 움직여 당신을 신임하게 되고 당신은 그들의 마음속 깊이 들어갈 수

있게 될 것이다.

우리가 진실한 말을 하는 사람을 좋아하는 이유는 바로 진실한 말이 공명정대한 심리상태와 숭고한 미덕인 성실과 정직을 대표하기 때문이다. 성실과 정직은 소통과정에서 그 어떤 장애물도 제거할 수 있는 힘이 있다.


## 단점으로 장점과 겨루지 말아야 한다

인간의 감정은 말을 하면 들어주기를 원하고, 일을 하면 이루어지기를 원한다. 그러므로 지혜로운 자는 자기의 단점을 이용하지 않고 어리석은 자의 장점을 이용하며, 자기의 졸렬한 것을 사용하지 않고 어리석은 자의 뛰어난 점을 이용하므로 피곤하지 않은 것이다.
남의 말 중에서 장점을 따르고 남의 말에 있는 단점을 피해야 한다. 갑각류 곤충은 자기 방어를 할 때 반드시 굳고 두꺼운 껍데기로 하고, 독충이 움직일 때 반드시 자기의 독과 침으로 보호하는 것이다. 이처럼 금수도 자기의 장점을 이용할 줄 아니 말하는 자도 그 사용법을 잘 알아야 한다.

人之情, 出言則欲聽, 擧事則欲成. 是故智者不用其所短, 而用愚人之
인 지 정  출 언 즉 욕 청  거 사 즉 욕 성  시 고 지 자 불 용 기 소 단  이 용 우 인 지

所長, 不用其所拙, 而用愚人之所工, 故不困也. 言其有利者, 從其所長
소 장  불 용 기 소 출  이 용 우 인 지 소 송  고 불 곤 야  언 기 유 리 자  종 기 소 장

也, 言其有害者, 避其所短也. 故介虫之悍也, 必以堅厚, 螫蟲之動也,
야  언 기 유 해 자  피 기 소 단 야  고 개 충 지 한 야  필 이 견 후  칩 충 지 동 야

必以毒螫. 故禽獸知用其長, 而談者亦知其用而用也.
필 이 독 칩  고 금 수 지 용 기 장  이 담 자 역 지 기 용 이 용 야

- 〈권편權篇〉


귀곡자의 지혜와 계략의 하나는 바로 작전을 지도할 때 반드시 장점을 발

휘하고 단점을 피해야만 이익을 추구하고 재난을 피하여 성공을 거둘 수 있다는 것이다.

사람에게는 누구나 장단점이 있다. 그렇기 때문에 천하 만물의 생령은 자기 생존에 유리한 곳에 의존하고 동시에 상대적으로 열세인 곳에도 존재하는 것이 가능한 것이다. 계란으로 바위를 치는 것이 아니라 바위로 계란을 치는 것은 바로 장점을 이용하여 단점을 치는 원리다. 만약 자기의 장점을 무시한다면 자기의 단점을 늘 마음속에 품고 있다는 것을 의미하는데, 자기의 단점으로 상대방의 장점과 겨룬다면 그것은 바로 자기의 수치를 자초한 것과 같다.

큰일을 하려면 자기의 약점과 단점을 남들 앞에서 폭로하지 말아야 할 뿐 아니라 자기의 단점으로 남의 장점과 겨루지도 말아야 한다. 장점을 발휘하고 단점을 피하는 것은 영원한 지혜이다.

## 설화의 책략과 방식

지혜로운 사람과의 대화는 박식함에 의지해야 하고, 모자란 사람과의 대화는 명확한 판단에 의지해야 하며, 판단을 잘하는 사람과의 대화는 요점을 집어서 말해야 한다. 높은 사람과의 대화는 권세에 의지해야 하며, 부유한 사람과의 대화는 높은 지위에 의지해야 하고, 가난한 사람과의 대화는 이익에 의지해야 하며, 천한 사람과의 대화는 겸손함에 의지해야 한다. 용감한 사람과의 대화는 용감함에 의지해야 하고 어리석은 사람과의 대화는 예리함에 의지해야 한다. 이처럼 대화도 여러 부류가 있고, 일에도 여러 변화가 있다. 온종일 대화해도 이런 부류를 잃지 않으면 일이 어지럽지 않게 되고 종일 대화에 변화가 없어도 그 중심을 잃지 않게 된다.

與智者言, 依於博, 與博者言, 依於辨, 與辯者言, 依於要, 與貴者言, 依
여지자언 의어박 여박자언 의어변 여변자언 의어요 여귀자언 의

於勢, 與富者言, 依於高, 與貧者言, 依於利, 與賤者言, 依於謙, 與勇者
어세 여부자언 의어고 여빈자언 의어리 여천자언 의어겸 여용자

言, 依於敢, 與愚者言, 依於銳. 故言多類, 事多變. 故終日言, 不失其類,
언 의어감 여우자언 의어예 고언다류 사다변 고종일언 불실기류

故事不亂. 終日不變, 而不失其主.
고사불란 종일불변 이불실기주

- 〈권편權篇〉

오늘날 글로벌 시대를 사는 우리는 몸이 어디에 있든, 무슨 일에 종사하든 간에 매일 다른 계층, 다른 인종, 다른 직업, 다른 지역, 천차만별의 사람들과 교제하게 된다. 그러므로 입을 열어 상대방의 주의를 끄는 것이 중요하다. 어떤 방식으로 대화해야 상대방이 관심 있게 들을 수 있느냐를 생각해서 상황에 맞게 접근해야 기대하는 효과를 얻을 수 있다.

우선 대화할 대상을 똑똑히 알고 상대방의 언어 품격과 어울리게 대화를 하되, 전문 용어나 이해하기 힘든 말은 피해야 한다. 대화의 기술이나 방법에 주의하는 것은 하나의 지혜이며 또한 남에 대한 하나의 예의이다. 귀곡자도 이런 주장을 했다.

"대화에도 여러 부류가 있고 일에도 여러 변화가 있으나 온종일 대화해도 이런 부류를 잃지 않으면 일이 어지럽지 않게 되고 대화에 종일 변화가 없어도 그 중심을 잃지 않게 된다."

그러므로 다른 대상, 다른 직업, 다른 상황에서는 구체적으로 분석하고 다른 조치를 취해야만 성공할 기회를 얻게 된다.

# 제10편

## 모편__
## 은밀하고 구체적으로 계책을 세워라

마음을 탐구해 세 가지 표준을 세워야 하는데 상급은 지혜로운 사람, 중급은 보통 사람, 하급은 어리석은 사람이다. 어리석은 사람은 덮어 가리기 쉽고, 인재가 못되는 사람은 두렵게 하기 쉬우며, 탐욕스런 사람은 유혹하기 쉽다. 이것이 사정에 따라 모략을 결정하는 방법이다. 계모의 사용은 공개적인 것보다 사적인 은밀함이 더 나으며, 또한 사적인 은밀함보다 당黨을 결성하는 것이 더 나으니, 당을 결성하면 새 나갈 틈이 없다.

### 하지 않는 것이 지혜다

성인의 도는 음이고 우둔한 자의 도는 양이며, 지혜로운 자는 일을 쉽게 하나 지혜롭지 않은 자는 일이 어려운 것이다. 이것으로 미루어 볼 때,

망하는 것을 존립시킬 수 없고, 위험한 것을 안정되게 할 수 없으므로 조용히 아무것도 안 하는 지혜를 중시하는 것이다.

聖人之道陰, 愚人之道陽, 智者事易, 而不智者事難. 以此觀之, 亡不可
성 인 지 도 음  우 인 지 도 양  지 자 사 역  이 불 지 자 사 난  이 차 관 지  망 불 가

以爲存, 而危不可以爲安. 然而無爲而貴智矣.
이 위 존  이 위 불 가 이 위 안  연 이 무 위 이 귀 지 의

- 〈모편謀篇〉


"아무것도 안 하는 무위無爲만이 큰 지혜다"라는 귀곡자의 주장에는 '아무것도 하지 않아도 천하가 잘 다스려진다'는 뜻이 내포되어 있다. 이 말은 현대에 와서 이미 각계각층의 관리자들이 꾸준히 탐구하는 최고의 명제가 되고 있다. 사실상 귀곡자가 말한 '무위'에는 본분을 벗어나 제멋대로 하는 것이 아니라, 객관적인 형세에 순응하고 자연법칙을 존중해야 한다는 심원한 이치가 포함된 것이다.

중국 역사에서 '무위이치無爲而治:아무것도 하지 않으나 천하는 잘 다스림'는 강력한 힘을 가지고 있어서 정부가 하는 일이 적어질수록 오히려 경제성장은 점점 빨라지고 국민들의 삶은 더 윤택해지고 평안해졌다. 식견이 있고 담력 있는 개혁자들의 개혁과 혁신을 위한 노력이 그들의 의도와 달리 사회와 개인에게 좋지 못한 결과로 나타나는 경우가 왕왕 있었다.

현대 사회에서 개인이 자연과 사회발전 규율에 순응하고 규율에 상응하는 법률제도를 제정하여 쉽사리 변경하지 않는다면 사람들은 자기의 총명과 재능을 마음껏 발휘하게 될 것이다. 인간의 에너지는 언제나 제한되어 있기 때문에 어떤 일에 성과를 내려면 반드시 일의 경중을 가려 에너지를 한 곳에 집중해야 한다. 무위는 하나의 고명한 지혜의 표현이다. 드넓은

세상에서 자기의 목표를 정확하게 선택하고 온 힘과 지혜를 가장 가치 있는 곳에 쏟아붓는다면 더욱 충실하고 뜻 깊은 삶을 살아나감으로서 후회 없는 인생이 될 것이다.


## 감정을 지배할 줄 알아야 한다

> 외모가 아름답지 않아도 싫어하지 않는다면 지극한 정성이 생기게 된다.
> 즉, 외모에 나타나는 것이 치우지지 않고 올바르고 온화하면 다른 사람들은 우리에게 속마음을 털어놓고 우리에게 의지하려 한다.
>
> 貌者, 不美又不惡, 故至情托焉.
> 모 자  불 미 우 불 오  고 지 정 탁 언
>
> －〈모편謀篇〉

"외모가 아름답지 않아도 싫어하지 않는다면 지극한 정성이 생기게 된다."

이 말은 우리에게 자기의 감정을 통제할 줄 알아야 한다는 것을 일깨워주고 있다. 감정을 잘 통제하는 것은 수신修身에서 중요한 과제의 하나이고, 사람들과의 교제에서도 중요한 원칙의 하나가 된다. 일을 할 때 순리를 따라 하면 감정도 순화된다. 일은 아직 완성하지 못 하고 심지어 손도 대지 않았는데 곤란이 잇따라 몰려온다면 감정도 그에 따라 파동을 일으키며 무엇을 보아도 눈에 거슬리게 된다. 감정의 지배를 받고 행동하는 사람은 감정의 노예가 되고 만다. 냉정하고도 명철하게 적극적인 사고를 할 수 없다면 일을 해도 쉽게 그르치게 된다.

만약 일상생활에서 냉정하게 사고하지 않는다면 친구를 잃을 가능성이 있고, 사랑하는 사람을 잃을 수도 있다. 또한 상사의 신임을 잃게 되고 동료들과 아랫사람들의 지지와 옹호도 잃을 수 있다. 더 심각한 것은 타인과 자기의 심신 건강에 영향을 주게 된다. 그러므로 자기의 감정을 제어할 방법이 없을 때는 반드시 '차에 제동을 걸어야 한다' 감정이 아무리 복잡하다 할지라도 성숙한 인격을 지닌 사람은 격앙된 감정을 제때에 조절하여 그것의 영향을 받지 않고 자기의 운명을 자기가 주재한다. 즉, 총명한 사람은 자기의 감정을 이지적인 원칙으로 정확하게 조절할 줄 아는 것이다.

## 일을 성사하려면 항심이 있어야 한다

강한 것은 약한 것이 쌓여서 만들어지고, 곧은 것은 굽은 것이 쌓여서 만들어지며, 여유가 있는 것은 부족한 것이 쌓여서 만들어지는 것이니 이것이 도술의 행함이다.

故爲强者, 積於弱也, 爲直者, 積於曲也, 有餘者, 積於不足也, 此基道
고 위 강 자  적 어 약 야  위 직 자  적 어 곡 야  유 여 자  적 어 불 족 약  차 기 도
術行也.
술 행 야

- 〈모편謀篇〉

에디슨은 "천재는 2%의 영감과 98%의 땀으로 이루어진다"고 말했다. 그는 전등의 내열재를 찾기 위해 무려 6천여 종류의 재료를 사용하여 20여 년 동안 실험을 거듭한 끝에 완성했다. 이것이 에디슨이 가지고 있던 항심恒心을 구체적으로 보여주는 사례라고 할 수 있다.

무릇 어떤 일을 완성하거나 한 차례 사업을 성사시키는 데 항심이 없으면 불가능하다. 항심을 가지고 부지런히 탐구하고 견인불발堅忍不拔: 굳세게 참고 견디어 마음을 빼앗기지 않음하여 끝까지 포기하지 않아야 목적을 향해 분발할 수 있다. 만약 항심이 없으면 한 가지 일을 하려고 해도 뜻대로 되지 않으며, 사업을 벌였다가도 중도에 그만두게 됨으로써 공든 탑이 무너지는 격이 되어 한평생 후회하게 될 것이다.

항심은 목표하는 방향으로 전진하는 동력이므로 반드시 올바른 방향 선택이 전제가 되어야 한다. 항심은 언제나 의지에 의해 유지되는 것이지만, 그렇다고 나무 그루터기를 지키며 토끼를 기다리는 우매한 행동도, 수레 채는 남쪽으로, 바퀴 자국은 북쪽으로 하는 막무가내식의 고집도 아니다. 즉, 항심이 있어야 "공을 들여 열심히 노력하면 절굿공이도 갈아서 바늘을 만들 수 있다"는 속담처럼 대업을 이룰 수 있다.

제11편

결편\_
타인에게 초점을 맞춰서 결단하라

귀곡자의 '결決'은 의문점을 분석하거나 여러 면의 이익과 폐단을 따져보거나 상대방에 의해 취사取捨선택을 진행하는데, 그 목적은 사물의 진상을 인식하여 결단에 오류가 없고 만사가 자기에게 유리한 방향으로 발전하게 하는 것을 보증하는 데 있다. 결단을 잘하는 사람은 결정적인 시점에서는 세심하고도 대담하게 원칙에 충실해서 제때에 즉시 결단을 내린다. 여러 번 생각해야 할 때는 여러 번 생각하되, 과감하게 결단해야 할 때는 과감하게 결단하는 것이 반드시 지켜야 할 원칙이다.

**높이 나는 '제왕의 나비'가 되다**

천자와 제후의 일이라면 그것이 위험하기는 하나 이름을 아름답게 하는 일이 가능하다면 결단을 내리고, 노력이 필요 없이 쉽게 성공하는 것이 가능하다면 결단을 내리며, 힘이 필요하고 고생을 하게 되나 부득이하게 그것을 해야 한다면 결단을 내리고, 우환을 제거하는 것이 가능하다면 결단을 내리며, 복을 추구하는 것이 가능하다면 결단을 내린다.

王公大人之事也, 危而美名者, 可則決之, 不用費力而易成者, 可則決
왕 공 대 인 지 사 야  위 이 미 명 자  가 즉 결 지  불 용 비 력 이 역 성 자  가 즉 결
之, 用力犯勤苦, 然而不得已而爲之者, 則可決之, 去患者, 可則決之,
지  용 력 범 근 고  연 이 불 득 이 이 위 지 자  즉 가 결 지  거 환 자  가 즉 결 지
從福者, 可則決之.
종 복 자  가 즉 결 지

- 〈결편決篇〉

귀곡자는 "성공하는 사람들은 모두 다 기회를 잘 만나 적극적이고 대담하게 자기를 표현하는 공통점을 가지고 있다"고 강조했다. 어떤 사람들은 자기를 표현하는 것이 주제넘게 나서는 것이고 듬직하지 못하고 성숙하지 못한 행동이라고 하지만, 그것은 편견이다. 사람들 앞에서 자기 표현하는 것을 꺼리고 오직 일에만 몰두하여 묵묵히 일하는 데 만족하는 사람이 있다. 또 재능이 뛰어난 이들 중에 대중 앞에서 자기를 표현하는 용기가 없고 일에 부딪히면 긴장하고 위축되어 내 일을 헤아려 매번 양보하는 이도 있다. 그런 사람들은 이런 일이 계속되다 보면 자기의 재능을 펼칠 곳이 없게 될 뿐 아니라 그 누구도 알아주는 사람이 없게 되어 결국은 좋은 기회를 잃게 되고 사람들에게 무능하다는 인상만 주게 된다.

치열한 경쟁사회에서는 모든 분야에서 인재를 몹시 중시하지만, 아무런 까닭도 없이 인재에게 좋은 기회를 안겨주지는 않는다. 그러므로 대담하게 자기의 강점과 매력을 잘 표현해야만 남들이 주의를 돌리고 중요한 자리에

오를 수 있다. 기회는 준비된 사람과 자기표현을 잘하는 사람에게 호의를
베푼다.

## 신용이 없으면 많은 기회를 잃게 된다

성인이 일을 성사하는 데는 다섯 가지가 있다. 양陽으로 덕을 입히는 방
법이 있고 음陰으로 해치는 방법이 있으며 믿음으로 성의를 다하는 방법
이 있다. 또한 감춰서 숨기는 방법이 있으며 평화롭게 평소처럼 대하는
방법이 있다. 양으로 노력하는 것은 좋은 방법이고 음으로 하는 방법은
잔혹하니 평소와 중요한 때에 사용하고 네 가지는 일이 작을 때 시행한다.

聖人所以能成其事者, 有五, 有以陽德之者, 有以陰賊之者, 有以信誠
성 인 소 이 능 성 기 사 자　유오　유 이 양 덕 지 자　유 이 음 적 지 자　유 이 신 성

之者, 有以蔽匿之者, 有以平素之者. 陽勵於一言, 陽勵於二言, 平素,
지 자　유 이 폐 닉 지 자　유 이 평 소 지 자　양 려 어 일 언　음 려 어 이 언　평 소

樞機以用. 四者, 微而施之.
추 기 이 용　사 자　미 이 시 지

- 〈결편決篇〉

귀곡자는 성실과 신용으로 상대방을 설복할 것을 일관되게 주장했다.
"한번 입 밖에 낸 말은 사두마차라도 따라잡을 수 없다"라는 옛말은 몇
천 년을 내려오면서 사람들에게 성실과 신용의 중요성을 형상적으로 강
조해 왔다.

신용은 사람들이 입신출세하는 데 있어서 근본이 된다. 공자는 신용에
대해 이렇게 말했다.

"사람이 신용이 없으면 무슨 쓸모가 있겠는가. 마치 수레에 끌채 끝 쐐기

가 없고 작은 수레에 끌채 끝이 없듯이 어떻게 앞으로 나아갈 수 있겠는가?"

신용이 없으면 처세할 수도, 앞으로 나아갈 수도 없음을 수레에 비유하여 말한 것이다.

현대사회는 신용과 명예의 사회로서 성실과 신용은 한 사람의 인격을 대표한다. 처세에서 성실과 신용을 중시하면 다른 사람들은 그를 신임하게 되고, 그에게 여러 가지 결점이 있다 하더라도 보상할 수 있는 기회가 있게 된다. 반면 신용을 잃으면 말을 해도 말로 취급하지 않으며 말하고 실천이·없기에 좋은 점이 아무리 많아도 모두 다 무시되고 만다. 만약 한 번의 실수로 신용을 잃으면 은행에서는 대출을 해주지 않을 것이고, 남들도 다시는 그와 거래를 하지 않을 것이며, 회사는 그를 채용하지 않을 것이다. 그렇게 되면 자연히 친구도 잃게 되고 만다. 그러므로 성실과 신용은 사람의 됨됨이를 판단하는 길이고 사업에 성공할 수 있는 기본인 것이다.

제12편

부언__
명분과 실질이 부합하게 하라

귀곡자의 '부符'는 고대 조정에서 명을 내려 군대를 조정하고 장령을 옮기는 일을 전달하는 높은 권위성을 지닌 일종의 증명서다. 그러므로 '부언符言'은 바로 집정자(결책자)가 반드시 지켜야 할 사람이 되는 원칙과 관리방법으로서 겸손하고 상벌이 엄명하며 권력이 적합한 집정자를 검증하는 것이다.

## 명분과 실질을 만든다

명분을 좇아 행동하면 내실이 안정되고 안전해져서 명분과 실질이 서로를 만들고, 서로는 다시 이치가 된다. 따라서 명분이 합당하면 실질을 만들고 실질은 이치를 만들며 이치는 명분과 실질의 도덕을 만들고, 도덕은 화합을 만들고 화합은 타당함을 만든다.

循名而爲, 實安而完, 名實相生, 反相爲情, 故曰, 名當則生於實, 實生
순 명 이 위　실 완 이 완　명 실 상 생　반 상 위 정　고 왈　명 당 즉 생 어 실　실 생

於理, 理生於名實之德, 德生於和和生於當.
어 리　리 생 어 명 실 지 덕　덕 생 어 화 화 생 어 당

- 〈부언符言〉

"명분과 실질이 서로를 만들고 서로는 다시 이치가 된다"는 귀곡자의 이
론은 사실 역사상 절대 다수의 정치가나 사상가들이 주장하는 '덕재겸비'
의 원칙이다. '명분'은 외재적인 것이고, '실질'은 실재적인 재능이다. 사람마
다 모두 출중한 인재가 되기를 희망한다.

그러면 어떻게 해야 인재가 될 수 있고, 또 인재의 표준은 무엇인가?
그 해답은 간단하다. 바로 덕재를 겸비한 사람이다. 덕과 재능은 마치
'사람인人'을 지탱하는 왼쪽 삐침／과 오른쪽 삐침＼과도 같다. 사람은 어
느 한 쪽 삐침만 없어도 사람 구실을 못하게 된다. 덕으로 재능을 수양
하고 재능으로 덕을 닦는 것은 바로 덕재가 서로 의존하고 서로 순환하
기 때문이다. 사실 현실 생활은 그러한 것이다. 오직 내재적인 재능, 학
식과 도덕, 품성이 일정한 상태에 도달한 사람은 주위 사람들로부터 우
러러 흠모하며 존경과 사랑을 받게 된다. 그렇게만 된다면 세계의 그 어
떤 강자도 부럽지 않은 진정한 강자가 될 것이다.

## 군중의 지혜를 응집한다

눈은 밝음을 중시하고 귀는 총명함을 중시하며 마음은 지혜를 중시하면
서 천하 사람들의 눈으로 본다면 못 보는 것이 없게 되고 천하 사람들의

귀로 듣는다면 모르는 것이 없게 된다. 이처럼 함께 나아간다면 군주의
밝음을 막을 수 없게 된다. 이것이 군주의 밝음이다.

目貴明, 耳貴聰, 心貴智. 以天下之目視者, 則無不見, 以天下之耳聽者,
목 귀 명  이 귀 총  심 귀 지  이 천 하 지 목 시 자  즉 무 불 견  이 천 하 지 이 청 자
則無不聞, 以天下之心慮者, 則無不知. 輻湊幷進, 則明不可塞. 右主明.
즉 무 불 문  이 천 하 지 심 려 자  즉 무 불 지  복 주 병 진  즉 명 불 가 새  우 주 명

- 〈부언符言〉

'1+1>2'는 깊은 철학적 이치가 깃들어 있는 부등식으로 개개인으로 축적
한 합은 집체의 역량과 같지 않음을 말해준다. 이것이 바로 귀곡자가 천명
한 '천하의 눈으로 본다면 못 보는 것이 없게 되고 천하 사람들의 귀로 듣
는다면 못 들을 것이 없게 되며 천하 사람들의 마음으로 생각한다면 모르
는 것이 없게 된다'라는 말 속에 담긴 의미인 것이다.

사회생활에서 독단적으로 앞서가는 관리자는 남들이 의견을 제시하면
그것이 자기 권위에 대한 도전이나 권력에 대한 간섭이라고 판단한다. 이런
사람은 비록 자기 혼자의 능력으로 일정하게 성과를 올릴 수는 있어도 독
불장군은 존재할 수 없기 때문에 결국 만 필의 말이 한 마리도 울지 않는
상황을 초래하게 된다. 그러므로 '천하 사람들의 귀로 듣고 천하 사람들의
마음으로 생각한다'는 귀곡자의 오묘한 이치를 명심해야 한다.

경영자로서 좋은 아이디어를 내려고 한다면 반드시 자기 주위의 전문가
들의 의견을 겸허하게 듣고 서로 격려하고 서로 유도 계발해야 한다. 한 경
영자의 실험에 의하면 군중의 사고방식으로 제출한 방안의 수량은 한 개인
이 제출한 방안보다 70%가 많았다고 한다. 덕분에 많은 정보와 자원을 얻
을 수 있었고, 이로써 방책을 결정하는 데 있어 좋은 결과를 거둘 수 있었

다고 한다.


## 상벌이 엄격해야 한다

상을 주는 데는 믿음을 중시해야 하고 형벌을 주는 데는 공정함을 중시
해야 한다. 상을 주는 데 믿음을 중시하기 위해서는 반드시 귀로 듣고 눈
으로 본 사실로 검증하는데 듣지도 보지도 못했던 자들도 모두 암암리
에 변화하게 된다. 성실이 천하의 신명에까지 창달하는데 어찌 간사한
자들이 군주를 범하려고 하는가. 그렇기 때문에 상벌에는 반드시 신임
이 있어야 한다는 것이다.

用賞貴信, 用刑貴正. 賞賜貴信, 必驗耳目之所聞見, 其所不聞見者, 莫
용 상 귀 신  용 형 귀 정  상 사 귀 신  필 험 이 목 지 소 문 견 자  기 소 불 문 견 자  막

不暗化矣. 誠暢於天下神明, 而況姦者干君. 右主賞.
불 암 화 의  성 창 어 천 하 신 명  이 황 간 자 간 군  우 주 상

- 〈부언符言〉


상賞은 긍정적인 강화수단으로 어떠한 행위에 대해 긍정하고 그것을 더
한층 공고히 하고 보존하게 한다. 반면에 책벌은 잘못된 점을 질책하고 어
떠한 행위에 대해 부정하여 점차 그것이 소실되게 한다. '신상필벌信賞必罰'은
상벌을 분명히 하는 것으로 마땅히 상을 줘야 할 것은 상을 주고, 마땅히
벌을 줘야 할 것은 벌을 주라는 것이다.

자고로 '신상필벌'은 군사가들이 사람을 임용하고 군대를 거느리는 유일
무이한 법칙이다. 군대를 다스리는 데는 상벌이 엄정해야 하고, 누구나 차
별 없이 대하고 어떠한 개인적 요소에 영향을 받지 않으며 감정적으로 일처

리를 하면 안 되는 것이다. 그렇지 않으면 인심이 떠나게 되고 군대는 장대한 발전을 가져올 수 없다.

현대 관리학의 관점에서 볼 때 기업인을 관리하는 것 역시 군대를 다스리는 것과 같아야 한다. 상벌은 한 집단을 관리하는 중요한 수단으로서 기업가에게는 군대를 거느리는 좌우의 손과 같이 상벌의 관건은 바로 공정성에 있다. 만약 그렇지 못하면 소인은 득의양양해지고 공을 세운 사람은 낙심이 되어 한 집단의 전투력이 약화되며 지도자의 위신은 땅에 떨어지고 만다. 그러므로 기업 관리자는 상벌을 분명히 해야만 기업의 기강을 효과적으로 유지하고 보호할 수 있으며 모든 사람이 한마음으로 일을 잘하게 된다.

# 제13편

# 부경음부7술__
## 은닉은 '성인의 도'이다

도에 합치해 기를 쌓아 정신을 왕성하게 하고, 의지를 길러 흔들림이 없게 하며, 안정된 마음으로 생각뜻을 심원하게 하여 위세가 흐트러지지 않게 준비한다. 내부의 힘이 왕성할 때 상대의 틈, 기회를 노려 위세를 발산해야 하며, 이때 계모를 변화의 도에 따라 막힘없이 사용해 마음을 집중하여 작은 변화도 놓치지 않아야 한다.

### 은폐의 지혜

상대방의 위세를 분산시키려면 상대방의 정신을 뒤집어 버려야 한다. 먼저 자기의 의지와 생각을 안정시켜 공고히 함으로써 정신이 제 길로 돌아오게 해야 위세가 왕성해지고 위세가 왕성해지면 내실이 견고해지며 내실이 견고해지면 당할 자가 없어지고 당할 자가 없어지면 남의 위세를 분산시킬 수 있게 되고 그 후에 움직인다면 그 세가 마치 하늘과 같게 된다.

分威者, 神之覆也. 故静固志意, 神歸其舍, 則威覆盛矣. 威覆盛, 則內
분 위 자  신 지 복 야  고 정 고 지 의  신 귀 기 사  즉 위 복 성 의  위 복 성  즉 내

實堅, 內實堅, 則莫當. 莫當則能以分人之威, 而動其勢, 如其天.
실 견  내 실 견  즉 막 당  막 당 즉 능 이 분 인 지 위  이 동 기 세  여 기 천

- 〈본경음부·분위本經陰符·分威〉

"상대방의 위세를 분산시키려면 상대방의 정신을 뒤집어 버려야 한다."

귀곡자의 이 말은 바로 '매복하여 공격을 가하려는 곰熊에게서 배워야 한다'는 말과 같은 것으로, 자기의 실력을 숨기는 지모다. 특별한 상황에서 진정한 목적과 동기를 숨기고 능히 공격할 수 있는 것도 할 수 없는 것처럼, 전투력이 있으면서도 없는 것처럼 고의적으로 위장하는 것은 자기의 실상을 숨기는 하나의 뛰어난 병법이다. 사실 '자기를 숨긴다'는 것이 듣지도 보지도 않고 묵묵히 있는 것을 의미하는 것이 아니다. 다만 잠시 외부의 교란과 침략을 제거하여 자기를 보존하고 발전하기 위함인 것이다.

중국 고대의 많은 성현들은 자기를 숨기는 처세술로 유명했다. 이를테면 초장왕은 3년 동안 조정을 돌보지 않는 것으로 위장하여 충신과 간신을 가려냄으로써 끝내는 춘추 패주가 되었다. 또한 강희 황제는 소년 시절에 매일 아이들과 휩쓸려 노는 것 같았으나 소문 없이 기예를 연마하여 끝내는 '강희 성세'를 이룩했다.

## 어떻게 심리상태를 조절할 것인가?

생각을 견실히 하고자 하는 자가 기氣에 대해 생각하는 것은 마음을 안
정시켜 사려가 심원해지는 것인데, 마음이 안정되면 정신이 명확해지고,
생각이 심원해지면 계략과 모략을 잘 만들 수 있다. 정신이 명확해지면
생각이 어지럽지 않게 되고, 계략과 모략을 잘 만들면 그 성공에 차질이
없게 되고, 생각이 정해지면 마음이 따라서 안정되므로 하는 일들에 잘
못이 없게 되어 정신을 집중할 수 있다.

實意者, 氣之慮也. 心欲安靜, 慮欲深遠. 心安靜則神策生, 慮深遠則計
실 의 자  기 지 려 야  심 욕 안 정  려 욕 심 원  심 안 정 즉 신 책 생  려 심 원 즉 계

謀成. 神策生則志不可亂, 計謀成則功不可間. 意慮定則心遂安, 心遂
모 성  신 책 생 즉 지 불 가 란  계 모 성 즉 공 불 가 간  의 려 정 즉 심 수 안  심 수

安則所得不錯, 神自得矣.
안 즉 소 득 불 착  신 자 득 의

― 〈본경음부·실의本經陰符·實意〉

혼히 하는 말 중에 "화는 복 속에, 복은 화 속에 숨어 있다"는 말이 있다.
이 말은 화와 복이 서로 의존하는 것이며, 서로 바뀌어 달라질 수 있다는
것이다. 화와 복은 정해진 것이 아니라, 각자에게 달려 있다는 뜻이다. 그
러므로 복이든 화든 그것을 능히 감당할 수 있는 능력을 갖추고 있어야 할
뿐 아니라 제 때에 그것에 적응되도록 심리상태를 잘 조절해야 한다.

귀곡자가 "생각을 견실히 하고자 하는 자가 기氣에 대해 생각하는 것은
마음을 안정시켜 사려가 심원하게 하는 것이다"라고 말했듯이, '새옹塞
翁失馬: 변방의 노인이 말을 잃어버림-화복 예측의 어려움을 일컫는 말'나 '등사騰蛇: 풍수지리
설에서 오방五方을 지키는 여섯 신 중의 하나로 '구진句陳'과 함께 방위의 중앙을 맡아 지킴.
날아다니는 뱀으로, 풍운을 몰고 온다고 함. 여기에서는 '의지를 굳히며 기다림'을 뜻함'의 의

미를 되새기며 평온한 마음으로 인생화복을 대해야 한다. 이 또한 생존의 도道이므로 화와 복에 적응할 줄 알아야 하며 광활한 천지에 진입하여 인생의 경계를 찾아야 한다.

그러면 어떻게 심리상태를 조절할 것인가?

그 방법은 가령 '나는 할 수 없다'를 '나는 반드시 할 수 있다'로 바꾸어 부정적인 암시를 긍정적인 암시로 바꾸는 것이다. 그러므로 소극적이고 부정적인 사고를 버리고 적극적이고 긍정적인 심리상태로 현실에 맞서 도전해야 한다. 폭풍우가 지나가면 쾌청한 날이 온다는 사실을 믿어야 한다.

## 시세를 살피고 변화를 주시하다

장차 움직임을 변화시키려면 반드시 먼저 의지를 배양하고 생각을 숨기면서 상대방의 틈을 보아야 한다. 상대방이 내실을 굳게 하는 것을 안다면 자기를 배양해야 하고, 상대방이 자기를 양보하는 것을 안다면 사람을 배양해야 하며, 정신이 바르면 군사가 필요 없는 형세가 된다.

將欲動變, 必先養志, 伏意以視間. 知其固實者, 自養也, 讓其者, 養人
장 욕 동 변　필 선 양 지　복 의 이 시 간　지 기 고 실 자　자 양 야　양 기 자　양 인

也. 故神存兵亡, 乃爲之形勢.
야　고 신 존 병 망　내 위 지 형 세

- 〈본경음부·분위本經陰符·分威〉

"장차 움직임을 변화시키려면 반드시 먼저 의지를 배양하고 생각을 숨기면서 상대방의 틈을 보아야 한다. 상대방이 내실을 굳게 하는 것을 안다면 자기를 배양해야 하고, 상대방이 자기를 양보하는 것을 안다면 사람을 배

양해야 하며 정신이 바르면 군사가 필요 없는 형세가 된다."

귀곡자의 이 주장은 '산에 앉아서 범이 싸우는 것을 구경하다' 또는 '도요
새가 조개와 싸우다가 둘 다 어부에게 잡히다'라는 고어와 매우 비슷하다.

A와 B가 서로 배척하면서 공존할 수 없는 상태일 때 제3자인 C는 어떻
게 처신해야 할까? 만약 A와 B 어느 한 쪽을 돕는다면 다른 한쪽으로부
터 미움을 사게 되거나 D 혹은 E와 연합하여 제3자를 공격할 가능성도 배
제할 수 없다. 그러므로 가장 효과적인 방법은 귀곡자의 말처럼 자기의 실
력을 배양하면서 그들로 하여금 서로 싸우게 하고 양쪽이 힘을 소진해서
스스로 와해하게 하는 것이다. 이렇게 되면 제3자인 C는 아무 대가도 지불
하지 않고 승리의 열매를 손에 넣을 수 있게 된다. 이러한 지혜와 모략은 정
치적인 싸움에서뿐 아니라 전투에서도 널리 운용되고 있다. 우리는 지혜와
모략을 운용하여 최대의 효과를 얻으려면 반드시 바른 정서를 배양하고
가장 적합한 시기에 행동을 개시해야 한다.

제14편

지추_
사물의 핵심을 파악하라

'지持'란 움켜쥐는 것을 뜻하며, '추樞'는 사물과 사건의 핵심을 말한다. 다시 말해서 '지추'란, 사물의 핵심을 파악하고 그 발전 규칙을 따르며, 그 속에서 관건을 장악하거나 요점을 파악한다는 뜻으로 자연계의 기본 규율을 말한 것이다. 즉 사물의 성장 발전의 근본적인 원칙을 통찰하게 되면 처세에 적응되는 행동을 쉽게 취할 수 있다.

## 형세를 통찰하는 것은 처세에 거스르지 않기 위함이다

중추를 유지한다는 것은 봄에 나고 여름에 성장하며 가을에 수확하여 겨울에 저장하는 것을 말하는데, 이것은 천지 운행의 규율이니, 이것을 범하거나 위반해서는 안 된다. 이것을 위반하면 비록 한때 흥성할지라도 최후에는 실패한다.

군주에게도 이러한 하늘의 지추持樞가 있으니 태어나고 양육하며 이루어 저장하는 것을 범하거나 거역하여서는 안 된다. 이것을 거역하는 자는 비록 한 때 흥성하여도 최후에는 쇠망하니 이것이 하늘의 도道이고 군주가 나라를 다스리는 기본이다.

指樞, 謂春生, 夏長, 秋收, 冬藏, 天之正也, 不可干而逆之. 逆之者, 雖
지추 위춘생 하장 추수 동장 천지정야 불가간이역지 역지자 수
成必敗. 故人君亦有天樞, 生養成藏, 亦復不可干而亦之. 亦者, 雖成必
성필패 고인군역유천추 생양성장 역복불가간이역지 역자 수성필
衰. 此天道, 人君之大綱也.
쇠 차천도 인군지대강야

- 〈지추指樞〉

"하늘의 규율을 거역해서는 안 되고, 이것을 거역하는 자는 비록 한 때 흥성하여도 반드시 최후에는 쇠망한다"는 귀곡자의 말은 '정세를 따르는 자는 흥성하고 정세를 거역하는 자는 망한다'는 만고불변의 진리를 다시 한 번 입증하였다.

인생은 정세를 따르는 것을 필요로 한다. 특히 오늘날의 치열한 경쟁 사회에서는 더욱 그러하다. 정세에 따르려면 우선 시기와 형세를 잘 인식해야 한다. 즉 거시적인 안목과 복잡다단한 환경에서 발전 추세를 제 때에 정확하게 예견하고 유리한 형세를 교묘하게 이용해야 한다. 형세는 하루 이틀 사이에 형성되는 것이 아니다. 그러나 일단 형세가 형성되면 그것은 거대한 에너지로 변한다. 이때 시대의 동맥을 틀어쥐고 발전 추세를 파악한 기초 위에서 정세에 따르기만 하면 모든 일이 물 흐르는 곳에 도랑이 생기듯 신속하게 승리를 쟁취할 수 있게 될 것이다.

형세를 통찰하는 것은 장기적으로 배우고 축적하는 과정을 필요로 하기 때문에 반드시 객관성과 냉정성을 지켜 나가야 한다. 결코 조급하게 서둘러서는 안 된다.

제15편

중경__
내심으로 다스려라

중경中經이란 '곤궁에 처한 사람들을 진흥시키는 시책'을 말 잘하고 덕이 후한 사람들에게 시행하자는 것이다. 정세에 순응하지 못하는 사람들을 구해준다면 궁한 사람들은 그 덕을 잊지 않을 것이고, 말 잘하는 사람은 선善을 퍼뜨리고 군주의 은혜를 널리 퍼뜨리기 때문이다. 그러므로 도道로써 다른 사람을 통제하는 것을 존귀하게 여기며 지금까지 열거한 귀곡자 15편 방식을 취해야 한다.

### 일에는 선후·경중·완급이 있다

외부로부터 남들의 내심을 통제하려 하면 사물은 뜻을 굽혀 따르려 할 것이다.

"외부로부터 남들의 내심을 통제하려 하면 사물은 뜻을 굽혀 따르려 할 것이다."

귀곡자의 이 말은 고대 성현들의 일 처리 방법에 대해 분석한 것이다. 이 지모는 흔히 군사적으로 사용되는데, 적군의 주력을 격멸하고 적군의 수뇌를 사로잡아 적군을 철저하게 와해시키는 전략이다. "그물의 벼리를 집어 올리면 그물의 작은 구멍은 자연히 열린다"는 속담이 있다. 이 말은 일을 처리하는 방법을 가르쳐 주고 있다. 눈앞에 일이 너무 많아 어디서부터 손을 써야 할지 두서가 잡히지 않을 때가 있다. 그럴 때는 반드시 중점을 틀어쥐고 일정한 시간에 한 가지 일만을 하고, 그 일이 진척이 잘 되면 다른 일을 해야 한다. 그러면 중점 문제도 해결되고 그 다음 부차적인 문제도 잇따라 해결된다는 것이다.

만약 중점 문제와 부차 문제를 구별하지 못한 채 무엇을 할지도 모르고 무엇 때문에 해야 하고 어떻게 할지도 모르면서 일을 하게 되면 두서가 잡히지 않아 시간과 정력만 소모하게 된다. 한 사람이 일에서 성공하려면 힘겹고도 꾸준한 노력이 있어야 할 뿐만 아니라 책략도 중시해야 한다. 시기별로 임무가 달라지고 일의 핵심도 달라지기 때문에 일의 선후, 경중, 완급, 중점문제와 부차문제를 가려 제한된 시간 내에 핵심을 틀어쥐고 일을 해야 한다. 바로 그럴 때 일이 되고 진전이 빨라 다른 일들도 스스로 잘 풀리게 된다.